働き方改革と地方創生の同時実現

地方創生シリーズ

明るい逆参勤交代が日本を変える

松田智生［編著］

学校法人 先端教育機構
事業構想大学院大学出版部

Contents

第3章 やってみた！ トライアル逆参勤交代——全国6市町村から見える未来

Contents

プロローグ　ある逆参勤交代者の一日

（写真）松田智生撮影

【平日】

6時　起床　近くの海でサーフィン

8時　朝食　おすそ分けの朝採れ野菜

9時　始業　徒歩5分のオフィス

12時　中庭のハンモックで読書

15時　地元ベンチャーと提携打合せ

17時　終業

18時　家族と夕食

【平日＋休日】

地元の観光ガイドの手伝い
地元の高校生向けに家庭教師

朝6時に目を覚ます。コテージの窓を開けると海が一望できる。私は大きく深呼吸をして潮の香りを胸一杯吸い込む。東京にいた時は窓を開けて深呼吸することなどなかった。コテージから海までは徒歩3分だ。出勤前に趣味のサーフィンをするのが日課で、朝食は地元の方のおすそ分けの新鮮な朝採り野菜だ。

徒歩5分で着くオフィスは古民家を改装した趣味の良い内装で、私は今、自社のサービスを活用して地域の課題を解決するローカルイノベーションのプロジェクトチーム5名で3週間の集中合宿をしている。

働き方改革が注目されるなか、会社が導入したのが「逆参勤交代制度」だ。週4日は会社のために働き、週1日は地域のために働く。私は海外赴任の経験を活かして、地元の中学校で英会話を教えている。「海外に住むとはどんなことか?」を話すと、中学生は目をキラキラさせてくれる。私の同僚は、エンジニアの経験を活かして「理科実験教室」を開催して好評を博している。この中学校から将来、海外赴任者やエンジニアになる子どもが出てくれば嬉しい。また地域では知的な貢献だけでなく、肉体労働でも十分貢献できる。道普請と言われる地域の協働活動は、人口減少で担い手が少ない地域では私たちが貴重な戦力になる。さらに雑草刈り等をして分かったのは、こうした作業を一緒に行うと一体感が生まれ、組織のチームビルディングにもプラスであるし、地域社会にも溶け込むきっかけとなることだ。

逆参勤交代をすると、満員電車に乗ることもなく、夜は満天の星空を眺め、朝は鳥の声で目覚める。都会の喧騒から離れると仕事に集中できる。本社にいる時は不毛な会議が多かったが、ここでは生産性も創造性も高まっている。

昼休みは中庭のハンモックに揺られながら読書だ。この古民家は数社が利用するシェアオフィスで、中庭は異業種交流の拠点になっている。ある会社はメンタルヘルス改善のためのリフレッシュで利用し、別の会社は若手や経営幹部の人材育成や研修の場として、さらに別の会社は、故郷での育児や親の介護をしながらのリモートワークに活用している。逆参勤交代先では、地元の人を含めて、普段の生活では知り合えなかった人々とも知り合うことができて新鮮だ。ある会社のベテラン社員は、地元のオーナー企業の社長にその企画能力を見込まれ、セカンドキャリアをここで始めることを決めたそうだ。

来週からは家族が1週間滞在予定で、家族の旅費は会社が負担してくれる。子どもは現地の小学校での体験学習を楽しみにしている。ここでは都会生活に慣れたいわゆる「もやしっ子」たちが、地域での体験学習を通じて逞しくなっている。そして彼らにとって「第二のふるさと」ができているようだ。

東京にいた時は、子どもが寝ている時に家を出て、満員電車に揺られて、昼は慌ただしくコンビニ弁当をかきこみ、子どもが寝ている深夜に帰宅する消耗戦のような日々だった。逆参勤交代を始めて、生活のリズムが変わるとともに、人生観も変わったような気がする。妻からは「最近明るくなったね」と言われた。

江戸の参勤交代は辛く厳しいものだったと聞くが、私は今、「明るい逆参勤交代」を楽しんでいる。

第1章

なぜ今、逆参勤交代なのか

なぜ、逆参勤交代が必要なのか？　逆参勤交代の多様なモデルや、それがもたらす個人・企業・自治体の三方一両得のメリットとその有望性を示す。

1　今が逆参勤交代へのビッグチャンス

さて、プロローグで紹介したような働き方が果たして可能だろうか？　通勤時間が5分や10分になり満員電車に乗ることもなく、自分や家族の時間が増えたら？　夏は涼しい北海道で、冬は暖かい沖縄で自由な働き方ができたら？　そして、仕事をしながら、地域の人々と知り合い、何か貢献できたらどうだろうか？

「そんなことは簡単でないよ」「会社が認めてくれないよ」「こんな地方に東京から人が来てくれっこないよ」と言う読者もいるだろう。しかし、もし会社が制度として逆参勤交代を認めてくれたらどうだろうか？　そして家族の移動交通費も補助してくれたら、さらに会社だけでなく、国や自治体が政策として逆参勤交代を後押ししてくれたらどうだろうか？

今、働き方改革としてリモートワークが浸透しつつある。ある首都圏企業は地方でのリモートワークを始めたところ、生産性も業務効率も向上し、社員の満足度も高まった。地方では空き家がコワーキングスペースや住宅となり、町に活気が生まれるような好事例が増えてきている。

そして2020年夏には、東京オリンピック・パラリンピックが開催される。首都圏の交通機関の大混雑が予想されるなかで、東京に本社や拠点を置く多くの企業が、この時期に自宅勤務やリモートワークを推奨するようになる。つまりオリンピックを契機に、日本は一気に働き方改革が進み、地方で逆参勤交代のリモートワークができるビッグチャンスを迎えようとしているのである。

2 逆参勤交代とは何か

では逆参勤交代とは一体何か？　それは、大都市圏社員の「地方での期間限定型リモートワーク」である。江戸の参勤交代は諸大名に多くの負担を強いることになったが、プラス面もあった。江戸には藩邸が建設され、全国に街道が整備され、新たな人の流れが生まれた。そして参勤交代者は江戸の文化を楽しみ、江戸には地方の文化がもたらされた。

これを逆にする「逆参勤交代」を実施すれば、地方にオフィスや住宅が整備され、地方

図表1　江戸の参勤交代と現代の逆参勤交代

江戸の参勤交代	現代の逆参勤交代
江戸に人の流れ	地方に人の流れ
江戸に藩邸整備	地方にオフィス、住宅整備
全国に街道整備	地方にITインフラ整備

に新たな人の流れが創られる。逆参勤交代者は、通勤時間が格段に短くなり、ゆとりある環境で仕事に集中できる。そして週に数日は本業、数日は地域のために働けば、人材不足に悩む地域の担い手にもなれる。

逆参勤交代とは、働き方改革と地方創生を同時に実現する構想なのである。

観光以上移住未満の関係人口を増やせ

人口が減少していく日本で、地方の都市同士が移住者のパイを奪い合うのは不毛である。また観光資源の乏しい街が、観光客を増やすことにも限界がある。

そこで注目されるのが、「関係人口」だ。観光は交流人口、移住は定住人口であるが、関係人口とは、「観光以上移住未満」の二地域居住やリモートワーカー、あるいはふるさと納税者といった地域に思い入れを持った人の層である。移住や転職は無理でも期間限定型の逆参勤交代であれば現実的である。関係人口を増やすことが今後の地方創生のカギとなってくる。

マスボリュームを動かせ

このように注目される「関係人口」だが、今までの関係人口は、一部のベンチャーやIT企業、または「意識の高い人」に限定されてきた。これでは市場は広がらない。また人材の質の面においても「自分探しの若者やシニア」だけでは、人材の「当たりと外れ」の差が大きすぎるというのが地方から聞こえてくる実情だ。

一方で大企業の人材は、質の差はあるものの、専門性や豊富な人脈、PDCAによる目標管理、外国語やITの能力等、一定の質が担保されている強みがある。そして大企業には、今すぐに地方に移住や転職はできないが、地域と関わりを持ちたい、あるいは貢献したい人々が多々いる。つまり逆参勤交代は、大企業のマスボリュームを一気に動かすことであり、関係人口を倍増させる切り札になり得る。

逆参勤交代は新たなワーケーション

最近、リモートワークの一種の新しい働き方として、ワーク（仕事）とバケーション（休暇）を組み合わせた「ワーケーション」が注目されている。しかし、リモートワークで働き、後はバケーションとして過ごすだけで良いのだろうか？ 業務に集中するなら、自宅や自宅近くのコワーキングスペースでも十分だし、休暇を満喫するなら休暇期間を今より長くしっかり取るか頻繁に取れば良い。さらに休暇中の仕事あるいは仕事中の休暇は就労管理上も曖昧である。

ワーケーションの本質は何か？ リゾート地でパソコンに向き合うだけではもったいない。それでは薄っぺらいリゾート・リモートワークで終わってしまう。

ワーケーションの本質は、地域の人々との交流のコミュニケーション（Communication）、地域に何か貢献するコントリビューション（Contribution）、そして地域の魅力や課題を学ぶエデュケーション（Education）ではないだろうか（図表2）。大企業では、歯車の一部のように感じる自分の存在も、逆参勤交代を通じて、ダイレクトに「ありがとう」や「おかげさまで」と言われる貢献欲求と承認欲求を感じられる機会になる。

図表2　逆参勤交代は新たなワーケーション

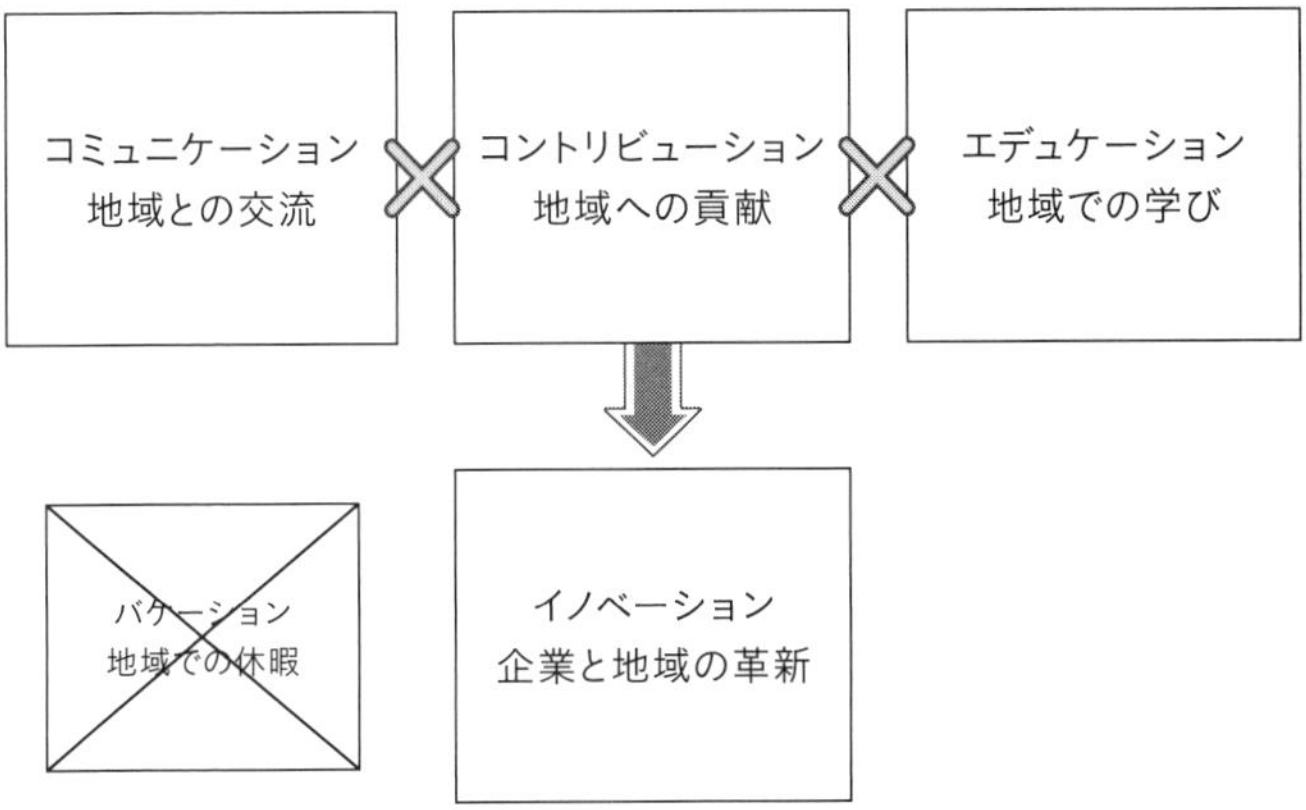

図表3　明るい逆参勤交代は三方一両得

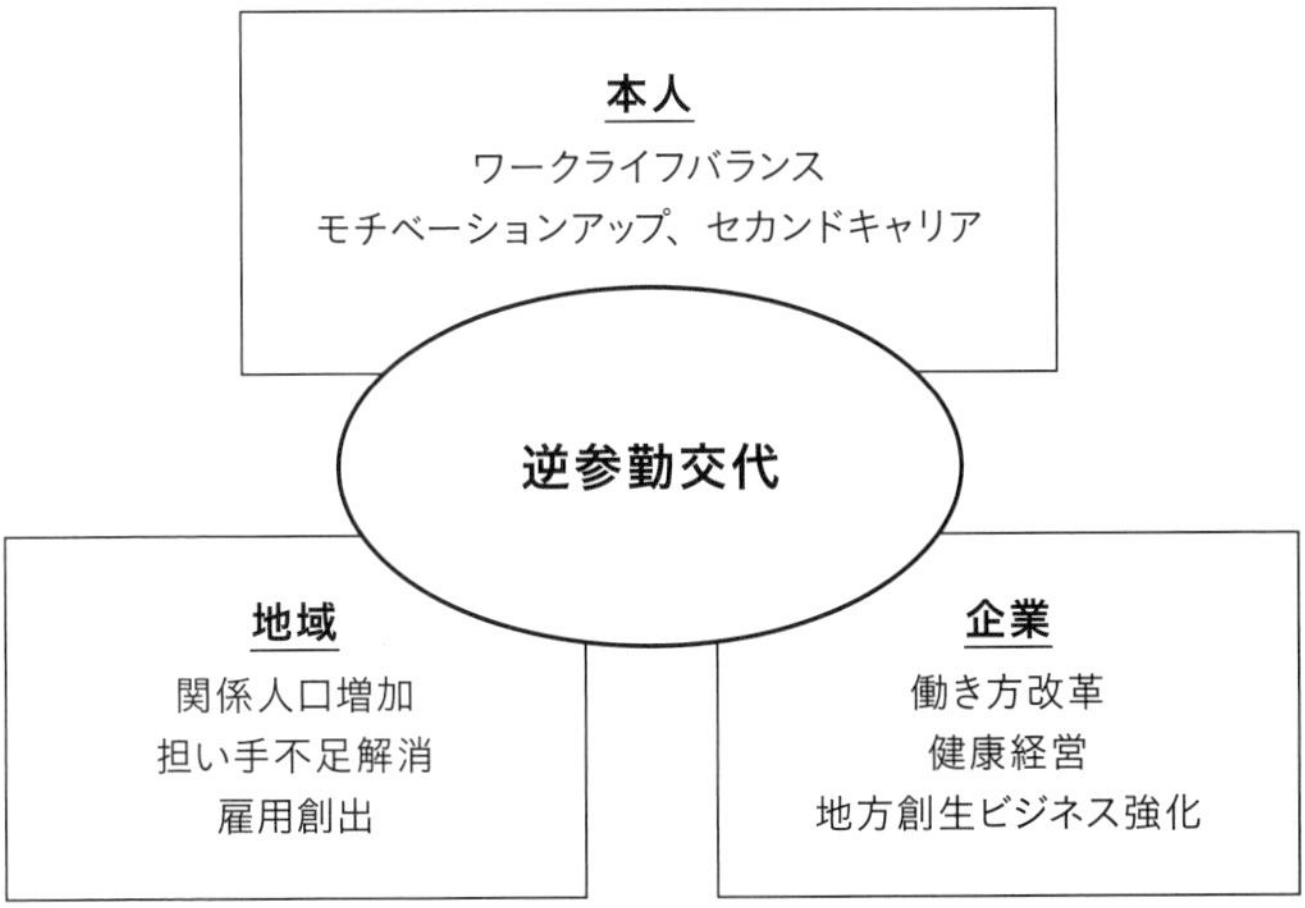

つまり、逆参勤交代は、コミュニケーション（交流）とコントリビューション（貢献）とエデュケーション（学び）の掛け算による新たなワーケーションの概念であり、それが企業にも地域にもイノベーションを生み出すきっかけとなる。

程良い強制力

江戸の参勤交代は、実施しなければお家取り潰しの厳しい制度であった。逆参勤交代も、上場企業の義務やSDGsのような国際的な目標として、「やらねばならない」ものとしてはどうだろうか。日本人の国民性として自ら先陣を切って「やろう」とはなかなか動かないが、義務で「やりなさい」となれば「義務なら仕方ないな」と動き出し、そして同業他社やライバル会社が始めると「あの会社が始めたならわが社も」となって、本格的に動き出す傾向がある。「程良い強制力」は背中を後押しするきっかけとして必要だ。

逆参勤交代は、本人のワークライフバランスやモチベーションの向上、新たなセカンドキャリアにつながり、地域では関係人口や担い手や雇用が増え、企業では働き方改革や健康経営、そして地方創生ビジネスの強化になる。江戸の辛い参勤交代とは違い、本人・地域・企業の民公産の三方一両得をもたらす「明るい逆参勤交代」なのである（図表3）。

3　逆参勤交代的な働き方に学ぶ

完全移住や転職でなく、東京から離れて地方で一定期間働き、暮らすということはどういうことだろうか？

ここでは、実際に逆参勤交代的な経験をした方々の声を紹介したい。彼らは2年や3年を地方で過ごしたが、これまでの仕事の進め方や価値観、そして生活の習慣が異なる地域での経験は、たとえ数週間から数カ月の短い逆参勤交代であっても、多くの示唆を与えてくれる。

東北復興支援で未来人材育成に従事～人生観の変わる経験
（三菱ケミカルホールディングス　株式会社LSIメディエンス　松本英郎氏）

松本氏は、東日本大震災の復興のために、経済同友会が主宰する「東北未来創造イニシアティブ」で、2015年から2年間、岩手県釜石市に派遣された。

そもそもは、自らの意思でなく社命で派遣されたため、最初は「なぜ自分が？」と戸惑

いがあったが、「会社に20年勤務し、最近どこか物足りないところを感じていたこともあり、一晩考えて快諾した」と松本氏は振り返る。結果的に、釜石での体験は人生観を変えるほどの貴重なものになる。

松本氏は、「自分のようにこれまで地方に関心がなく、『意識の高い人』ではない普通のビジネスパーソンが、会社の制度や仕組みのなかで、地方とつながることが重要」と指摘する。

松本氏が釜石市役所に出向した目的は「地方創生のロールモデルを創る」ことであり、そのために現地での「未来人材育成」がミッションであった。

「地域おこし協力隊みたいなものかと思ったら、『そうじゃないですよ』と。やるのはあくまでも地元の人。地元のリーダーたちが危機感と課題感を持って地方創生に取り組む、そのお手伝いをすること」と松本氏。他企業からも集まった5人のチームで、釜石市の総合政策課へ籍を置くこととなった。なお地方では「自治体職員」の肩書があると、「地元での信頼度が上がる」という。

釜石市は、かつては鉄鋼の町として栄え、一時は「東北の上海」と呼ばれるほどの賑わいを見せたが、今では人口減少に直面している。釜石市の〝人材育成道場〟の「未来創造塾」を運営するのが主な仕事であり、塾生となる次期リーダー候補を市内から「発掘」し、6カ月のプログラムを受講、リーダーとして成長してもらおうという取り組みである。

その後卒塾後のリーダーたちは、水産振興の場「魚のまち釜石事業」、高校生向けキャリア教育支援「釜石コンパス」、市民のつながりと活動の場「釜石〇〇（まるまる）会議」などの企画や運営に大きく関わることになる。

現地での生活で印象に残っているのは、受講するリーダーたちが商店等の2代目経営者が多いので、塾の活動は17時過ぎから始まること、つまり夜型になったことと、さらに休日は「どこに行っても絶景ばかりだったので思わず一眼レフカメラを買ってしまった」こと。

そしてこの逆参勤交代的生活で得たものとして、「新しい発見」「人生観」「再認識」の3つを挙げた。

新しい発見とは「被災地だからこその強み、地方ならではの良さ」を発見し、体感できたこと。人生観とは「仕事以外100%自分の時間だったので、人生を考えることができた」ということ。「これから何をやらねばならないのか、が次々と湧き上がってきた」。再認識とは主に「首都圏で働くことの良さ、会社員でいることの良さ」を改めて感じたということ。また、同時に会社員として、その地方へ貢献する可能性があることも強く感じたという。

一方、逆参勤交代的にプロジェクトで出向して重要と考えるのは、「目的意識を維持すること」。現場ではつい目先のことに囚われ、忘れてしまいがちだが、復興という大きな目的があり、未来人材育成というミッションがあることで、何かブレたり迷ったりしたときに立ち返ることができたとしている。

次に「チームで行くことの重要性」である。ひとりだけの派遣だと心細いし孤独である。また正しいことを言っても、ひとりだけだと多勢に無勢である。多様な業種の人間が参画することが大事だと言う。そして「フォローする仕組み」である。出向者にやらせっぱなしにするのではなく、外部から俯瞰的に見るメンターが必要であり、多様な出向者の意識のベクトルを合わせて引っ張るマネジメント力も必要と指摘する。

また今回の派遣は、本業を離れて未来人材育成に注力したが、松本氏は、地域には本業との関連性も高かったと指摘する。例えば地元のベンチャーの発掘や自社の関連商品のテストマーケティング等はビジネスチャンスとして有望であり、週の1日2日は本業のためとしても良かったかもしれないと振り返る。

そしてもう一点指摘したのが「普通の人でも参加できる枠組み」という点。「地方創生というと、意識の高い、才能のある人がやっているイメージ。それではハードルが高い。もっと意識が高くない私のような（笑）人間でも、参加しやすい仕組みにする必要があるのでは」と語る。

キャビンアテンダントが地域活性化に挑戦

（ANA客室センター　客室乗務員　松丸祥子氏）

松丸氏はANAのキャビンアテンダント（CA）から、ANA総合研究所に出向し、そこからの派出で富山市役所に3年勤務した。松丸氏は公募で自ら希望して行ったとのこと、ANA総研が行っている地域活性化事業の枠組みで派出に応募し、採用されたのである。

このANA総研の地域活性化事業は、約10年前、愛媛県宇和島市でスタートし、現在では10市町村で実施。最大が人口42万人の富山市で、次いで10万人の沖縄市、その他は2万

～3万人規模の市町村となっている。「私が行った富山市でさえ、派出当初は大きな話題となり、取材を多く受けた。その他の自治体ではもっと注目され、大きな期待を掛けられただろう」と松丸氏。「女性としての視点、日本や世界の各地を知るCAとしての視点、新しいもの、美味しいもの好きのトレンド消費者の視点から、アドバイスすること」が求められる。

「地方の魅力を観光ではなく仕事や生活を通じて知りたくなり、さらに全く新しい仕事で自分の可能性を試したくなった」と語る。普段の業務から離れて、新しい体験をしたくて派出に応募する人は多いそうである。

松丸氏は仕事でもカルチャーショックを体験した。CAではマニュアルが完備されており、仕事はマニュアルが基点となる。だが、新たな観光戦略にマニュアルは存在しない。全て自分で考え創り出していくものである。こうした仕事における良い意味でのカルチャーショックが、CAに復帰した今でも良い経験となっているそうだ。

松丸氏が富山市で取り組んだ活動は、市主催のイベントの企画・司会、航空教室、おもてなし教室等、オーソドックスなメニューに加えて、首都圏の大学と連携した富山ゼミの開催、ANAのコネクションを活用した地域商品開発など多岐にわたる。商品開発では、愛媛県宇和島市の特産品の真珠と、富山が誇るガラス作家とのコラボレーションを企画し、商品化している。

また、地域の小学生向けに行っていた漁業の体験ツアーを、モニターツアーとしてメニュー化し、地引網体験、漁船クルーズ、魚介類バーベキュー等を盛り込んで、一般ツアー客対象商品を造成し、地域のPRを実施。このように「地元にもともとあって、当たり前だと思っているものが、外から見ると面白い！　魅力的だ、ということがある」ことから、それを発見するために、全国のCAが富山に集まり富山を論じる「CAサミット」も開催。

「『ここは何もないっちゃ』と地元の人は言うが、でもそんなことはなくて、これはこんなに魅力的だ、こうすればもっとこうなる、ということを提案しました」と語る。

さらに、富山市には東京では得られない「何物にも代えがたい幸福」があったと話している。例えば「『いい魚が捕れたから今日集まって飲もう』となると、みなが集まれること」。東京ではみなが揃って食事をするにも1カ月先までのスケジュールを、額を寄せ合って調整する有様で、「東京にいては味わえない世界」と話す。

現地で過ごした3年間は「忙しいながらも楽しい時間」であったと松丸氏。「市役所はお堅いイメージがあったが、若いサポートスタッフを付けてくれて、何かと助けてもらい仕事もやりやすかった。地元の人からも『富山を選んでくれてありがとう!』と言われ、仕事だけでなく楽しく過ごすことができた」と嬉しそうに語る。

松丸氏は、富山で充実した日々を送れたのは「ANAの路線があり、何度も行ったことがあり、知らない町でなかったのが良かった」と分析する。一方で「完全に出向で全ての仕事がガラッと変わると生活も激変してしまう。私もCAの仕事をやりながら、富山市の仕事ができると良いと感じた」と、「半分本業、半分地域」というスタイルの利点を指摘する。

今後は、全国に派出され地域活性化に取り組むCAの貴重な経験を共有し形式知化し、本業にフィードバックしていくための仕組みが必要であると指摘した。

逆参勤交代のヒーローとヒロインを

逆参勤交代的なライフスタイルの経験者の声は、その魅力や働き方改革の可能性を示唆している。もしかしたら、それは働き方改革を超えて、人生を変える「生き方改革」かもしれない。逆参勤交代構想が普及するには、「自分もこうなりたい」と思うようなロールモデル、つまり逆参勤交代の「ヒーロー、ヒロイン」が必要である。彼らに成功事例や失敗事例のストーリーを語ってもらうことで、逆参勤交代が多くの人々に「我がこと」として捉えられ、関心が高まっていくはずである。

4 多様な逆参勤交代のモデル

では、逆参勤交代にはどのようなモデルがあるだろうか？

逆参勤交代には目的や参加者の年代に応じて多様なモデルがある。ここでは、新規事業視点の「ローカルイノベーション型」、健康経営視点の「リフレッシュ型」、人材育成視点

図表4　多様な逆参勤交代のモデル

ローカルイノベーション型	20〜40代	ローカルイノベーション等新規事業のプロジェクトチームの集中合宿	期間：1カ月 週4日本業 週1日地方業務	公募型
リフレッシュ型	20〜60代	高業績社員のモチベーション向上、メンタルヘルス改善や復職に活用	期間：3週間 週4日本業 週1日地方業務	公募型 指名型
武者修行型	20〜40代	将来の経営幹部が、地域の課題解決に参画	期間：1年 週1日本業 週4日地方業務	公募型 指名型
育児・介護型	20〜60代	育児や親の介護対応での実家近隣での勤務	期間：1年 週4日本業 週1日地方業務	公募型
セカンドキャリア型	40〜60代	シニア社員のセカンドキャリアの出向や転籍に活用	期間：1年 週1日本業 週4日地方業務	公募型 指名型

の「武者修行型」、ワークライフバランス視点の「育児・介護型」、シニア社員活性化視点の「セカンドキャリア型」の5つのモデルを説明する（図表4）。

ローカルイノベーション型

ローカルイノベーション型逆参勤交代は、地方創生をビジネスとすること、すなわち逆参勤交代者が地域に常駐して地域の課題解決を新規事業とするモデルであり、例えばＩＴ企業が温度や湿度管理の遠隔操作で農業を高度化させてビジネスとするようなことである。これは従来のＣＳＲを超えたＳＤＧｓ的なビジネスにつながる。

私はある県のニッチトップ企業の評価委

員を務めているが、地方のニッチトップ企業の共通の悩みは社長の右腕不在、ＩＴ化、新規事業、販路開拓、海外進出である。しかしこれらに関して経験のある人材を獲得することはなかなか難しい。一方、首都圏の大企業では、多様な専門分野でノウハウや人脈のある人材は数多く存在する。こうした人材が都市と地方で循環し、さらに地方のニッチトップ企業の人件費の持ち出しがなければ、ローカルイノベーションはもっと進むはずである。

また奄美群島の徳之島伊仙町では、コーヒー豆の生産に取り組む農家があり、私もそのコーヒーを飲んだが風味豊かであり、今後大きな可能性を秘めている。しかし、個人経営であるがゆえに、生産や販売において脆弱であった。そこにローカルイノベーションとしての徳之島産コーヒーの有望性に着目して食品企業と商社が支援したり、移住者や島外の人々が協力して、ジャパニーズ・コーヒー・プロジェクトを進めている。

さらに、地方の大きな課題は「廃業問題」だ。それは、店舗や設備がしっかりして、経営も黒字で顧客基盤も安定していながら、後継者がいないため廃業にせざるを得ない企業が多いことである。地域の優良企業を廃業させないために、逆参勤交代企業から定期的に人材を供給し、大企業の技術や営業やブランドを活かして支援することで、事業継続が可能となり、双方にメリットが生まれる。

また地方でよく目にするのが「お土産問題」だ。それは地元の素晴らしい素材や食材がありながら、お土産のデザインが今一歩垢抜けない問題である。もしお洒落なデザインで小分けにしたパッケージに魅力があって「女子力」の高い商品になれば、女性観光客の購買意欲を促し、単価は高く設定でき、より売れるはずだ。実際、幾つかの地域では、都市部のデザイナーがセンスあふれるパッケージデザインに取り組み、お土産問題を解決している。

最近では中期経営計画にローカルイノベーションを掲げる企業が増えてきたが、こうした企業の具体的なアクションとして、ローカルイノベーション型逆参勤交代が活用可能である。

リフレッシュ型

リフレッシュ型逆参勤交代は、メンタルヘルスの改善や健康経営推進のモデルである。現在、大企業の健保組合の7割が赤字と言われており[1]、その理由はうつ等のメンタルの不調、そして社員の高齢化による成人病の増加によるものである。

メンタルの不調で会社を休みがちや長期欠勤になれば、会社にとって損失であり、あるいは欠勤せず出社しながらも、メンタルの不調や花粉症、成人病、腰痛で、業務のパフォーマンスが上がらなければ、それはやはり会社に損失を重ねることになる。特に花粉症の時期は数カ月にわたり、体調不良に悩まされ、能率が上がらない人も多い。

ある東京のＩＴ企業は、スギやヒノキの花粉がほとんどない北海道の上士幌町にサテライトオフィスを設け、花粉の時期に社員がリモートワークをしている。社員の話では、「くしゃみが続いてマスクをして、薬を飲んで仕事をしていたのが、北海道に来たら症状がほとんどなくなり、このまま移住したい気持ちになった」という。

花粉症だけでなくメンタルの不調への対応も企業では大問題だ。メンタルの不調で会社を長期休暇になってしまった場合には、復帰はなかなか難しい。健康経営で大切なのは、何か起こってからの「対処」ではなく、先手を打った「予防」である。

働き過ぎや最近元気のない社員には、１～２週間、リフレッシュ型逆参勤交代で気分転換を図るよう促す。それはいわば、介護のショートステイのような「仕事のショートステイ」だ。

一方で頑張った社員や高業績の社員に対してもボーナス的なリフレッシュ型逆参勤交代は有効である。企業側は、優秀な社員が転職してしまうリスクに苛まれているが、彼らの離職を防ぐためのリテンション（引き留め）戦略として、例えば「君、今期は頑張ったのでご褒美としてリゾートで2週間の逆参勤交代をしてきなさい」と上司から言われたら社員は嬉しいだろう。

リフレッシュ型逆参勤交代の参考になるのは鳥取県の智頭町だ。智頭町は人口約6500人、町の面積の9割以上が森林という森の町である。以前は林業で栄えた町であるが、最近は林業の衰退により、森林自体が町の「お荷物」となっていた。しかし企業の研修やレクリエーションを、森林浴を通じて行う「森林セラピー」を導入したところ好評を博し、森はお荷物から資産へと変わったのである。

森林セラピーによる企業研修の訪問者が増えることは、企業の健康経営に資するだけでなく、智頭町にとっても関係人口の増加をもたらしている。

武者修行型

武者修行型逆参勤交代は、スキルアップ、キャリアアップの人材育成を目的としたモデルだ。江戸時代、土佐藩の坂本龍馬が江戸に剣術修行に出向いたように、これからは有望な若者は東京でなく、地方の課題解決に挑戦し、地方で活躍する人材と交流し、自分を磨くのである。

中堅クラスを考えると、中央官庁のキャリアの異動が参考になる。彼らは課長補佐に昇進する前に、地方自治体の課長や部長のポストに就く。そこで大きな政策立案に関わり多くの部下を掌握することが、スキルアップとキャリアアップの財産になる。つまりポストが人を育てるのだ。これを官庁だけでなく、企業でも管理職の昇進昇格条件として、地方企業、地方の経済団体、自治体への数カ月の逆参勤交代を導入してはどうだろうか？　地方には東京と違った仕事の進め方や価値観がある。それらを受け入れ、新たな人脈を広げる機会とする。これからの時代は、本社の決まりきった序列や価値観で育った幹部だけでは、生き残りや成長は難しい。地方が絶好の武者修行の場になる。

一方で、逆参勤交代は興味があるものの「本当にキャリアアップにつながるのか？」「地方に行っている間に出世競争から遅れてしまうのではないか？」という質問を多く聞いた。地方に逆参勤交代することが、都落ちや島流しのイメージでなく、「昇進昇格の条件」や「新たな研修制度」として、人事制度に組み込まれることが重要である。

また役員クラスの研修を、逆参勤交代の集中合宿で行うことも可能だ。創業の地やローカルイノベーションで注目される地域、あるいは「課題先進」の自治体でも良い。本社と雰囲気が変わると、新鮮なアイディアも生まれてくる。

育児・介護型

育児・介護型逆参勤交代は、子育てや介護を故郷でしたいというニーズに応えるモデルであり、故郷でのリモートワークにより、育児離職や介護離職を防ぎ、ワークライフバランスを向上させるモデルである。

逆参勤交代構想について企業の方と意見交換すると、「実家に戻って親のサポートも得ながら育児をしたいが、育児離職はしたくない」といった意見がある。2012年から2017年の過去5年間に出産・育児を理由に前職を離職した女性は、約101万人にもなり、職場の離職者総数（女性）に占める育児離職の割合は9・2％に上る。[2]

一方で、「親の介護が深刻になり、地方の実家との行き来で大変苦労しており、この先介護離職するかもしれない」という悩みも数多く聞いた。総務省の調査では、家族の介護や看護のために仕事を辞める「介護離職」は年間約10万人にも上る。[3] こうした育児離職や介護離職に歯止めをかけ、社員のワークライフバランスを充実させることが急務だ。

また、「自然豊かな環境の地域に逆参勤交代して、子どもも連れていきたい」という声も聞いた。そうした子連れ型・家族同伴型とも言える逆参勤交代を可能にする制度として、徳島県が進めている「デュアルスクール」に注目したい。

デュアルスクールとは、三大都市圏（首都圏・中京圏・近畿圏等）および徳島県内の公立小中学校に通学する小学1年生から中学2年生までの児童・生徒が対象となり、地方と都市のふたつの学校が、ひとつの学校のように教育活動ができる「新しい学校の形」だ。都市と地方、双方の教育委員会の合意があれば、転校手続を簡略化して、2校間の移動が容易になる。都市と地方それぞれの良さを体験することで、多面的な考え方のできる人に育てることを目的としており、こうした制度が全国で普及すれば子連れ型・家族同伴型逆参勤交代の後押しとなるだろう。

セカンドキャリア型

セカンドキャリア型逆参勤交代は、企業の中高年齢層が自らのスキルを活かして自治体や地方企業で半分出向のような形で勤務するモデルである。そこでの仕事が評価されれば完全出向や完全転職になっても良いし、あるいはそこでの経験を活かして企業に戻り新たな戦力となることも可能だ。

大企業ではバブル期に大量採用したバブル世代の処遇が課題になっている。合併を繰り返している金融機関等は、バブル世代が何千人にも及んでいて、例えばメガバンクでは、50代前半でグループ会社に転籍か取引先への出向となる。このように、経験や人脈やノウハウもあるシニア人材が東京で多数、能力を発揮できずに埋もれているのは何とももったいない。

バブル世代だけでなく、これから50代を迎える団塊ジュニアも同様な境遇となる。バブル世代と団塊ジュニアを合わせた「次世代シニア」は約１５００万人いると言われ、２０３０年には１９０万人の次世代シニアが失業状態になると予測する調査もある。[4]

こうした次世代シニアを再活性化させる意味でも、セカンドキャリア型逆参勤交代は意義がある。

しかし、シニア社員が地方で失敗しがちな事例も数多くある。それは「私の会社ではこうだった」「外資系企業ではこうだった」「ＳＷＯＴ分析も知らないのか」といったように、大企業や外資系企業の論理やカタカナ・横文字手法を押し付けることだ。「〜では」を連発する人は「ではの守《かみ》」と呼ばれる。そのココロは「海外では」や「東京では」と、外の引用ばかりで、相手から共感されないことだ。そこで、「ではの守」にならないために、セカンドキャリア型逆参勤交代では、事前の導入研修が重要になってくる。地域の実情や商習慣を学び、地域でやるべきことと、やってはいけないことを理解する。さらに、自分の強みや弱みを明確にすること、そして、自分のやりたいこと（Will）とできること（Can）を明確にしておくことが大切になってくる。

そして事前研修では地方の大学や教育機関との連携が効果的である。日本には約780の大学があり、これから少子化を迎え各大学は特色を出した生き残り戦略に注力している。これからの大学は18歳から22歳だけが学ぶ場所ではない。多くの社会人を受入れるリカレント教育が重要性を増してくる。ゆえに大学が逆参勤交代者の人材育成の場となるのだ。

例えば長野県の信州大学は、首都圏の人材を客員研究員として迎え入れ、さらに彼らを長野県内の企業とマッチングさせ、中長期構想の立案や新規事業の推進に取り組ませている。信州大学での学びに加えて実践的な知識を得ていくことで地方企業に貢献し、そしてその経験を再び大学で体系化するサイクルにより、本人、大学、地方企業の三方一両得をもたらしている好事例と言えよう。

5　逆参勤交代のメリット

逆参勤交代には、ローカルイノベーション型、リフレッシュ型、武者修行型、育児・介護型、セカンドキャリア型と、その目的や参加者の年代によって多様なモデルがあることを示した。それでは、逆参勤交代はどのようなメリットをもたらすのか、地域、企業の視点から示してみることにする。

地域へのメリット

地域へのメリット（図表5）は、第1に関係人口の増加だ。総務省の試算では、定住人口が1人減ると、その年間消費額を取り戻すには、外国人旅行者10人、国内宿泊旅行者26人、国内日帰り旅行者83人が必要とされているが[5]、観光資源が少ない地域では旅行者の誘致は簡単ではない。「地方創生は旅行者より生活者の誘致に活路あり」だ。観光の「交流人口」でもなく、移住の「定住人口」でもない「観光以上移住未満」の「関係人口」を増やすことが、地域に活気をもたらす。

逆参勤交代者が数週間から数カ月滞在すれば、貴重な関係人口となり、さらにその家族や友人が訪問すれば、関係人口は加速度的に増えてくる。

企業の中高年齢層のなかには、最初に赴任した地方や、支店長や支社長を務めた土地に愛着がわき、第二のふるさとになってリタイアした後に移住するケースがある。転勤のように数年滞在することなく、数週間から数カ月のリモートワークの逆参勤交代でも、第二のふるさとづくりになり、関係人口と共に、将来の移住者を育てることになり得る。

第2に担い手不足の解消である。地域の課題は、人口減少によって地域のリーダーやサポーターが常に不足していることだ。一方自治体の職員はルーティンの業務が手一杯で、新たな分野に取り組もうと思っても、なかなか身動きが取れない。また、地方の商工会議所や同友会や青年会議所等の団体も、新たな提言をしようとしても本業と掛け持ちなので多くの時間が取れず、さらに同じ地域の知った仲間同士で考えると、発想がどうしても均質的になりがちだ。地方の企業は採用難で、新卒も中途入社も良い人材が取れない。

オーナー企業では、社長が経営を引っ張ってきたが、企業の成長に伴い、社長の右腕や番頭となるべき参謀、経営企画担当役員が不在の企業も数多くある。逆参勤交代のモデルで示した「セカンドキャリア型」では、40〜60代の経験豊富な層が、そうした役割を担うことができる。あるいは「ローカルイノベーション型」では、経験や人脈が豊富な営業担当者や外国語に堪能な人材が地域の担い手になる。

また自治体や地方企業の情報システム分野では、得てして大手ＩＴ企業に主導権を握られて、多額の投資や保守費用を払っている先が少なくない。それは専門家がいないからだ。もしＩＴの専門家の逆参勤交代者が、ＩＴ戦略を担うＣＩＯ（Chief Information Officer）となれば、情報システム分野での要件定義や見積もり等の交渉を担える。

つまり逆参勤交代で、地域は都市部人材を共有し担い手にできるのだ。

第3にリモートオフィス、住宅、ＩＴインフラの需要創造だ。江戸の参勤交代では、江戸に全国の藩邸の建設が進み、大きな藩では数千人の関係者が居住したという。逆参勤交代で、地方にリモートオフィスや住宅の建設需要が生まれる。それは新規の建設だけでなく、公共施設、空き家、古民家といった既存ストックの活用やリノベーションも考えられる。また地域のホテルや旅館は、繁忙期と閑散期の幅が大きいのが悩みとなっているが、もし閑散期を逆参勤交代者の住宅として活用すれば、稼働率の平準化に貢献できる。さらに、リモートワーク用にＷｉ‐Ｆｉや光ファイバー等のＩＴインフラの需要が生まれる。こうしたインフラ需要が、地域の雇用を創出して、そこで得られた経済波及効果による税収が将来の地域の蓄えとなる。

首都圏と近畿圏では、大企業に勤務する従業員数は、約１０００万人[6]になる。もしその１割の１００万人が、年に１カ月ずつ逆参勤交代すれば、１００万÷12カ月で約８・３万人の移住に相当する。これは２０１４年度の地方移住者数約１万２０００人[7]の約７倍にもなり、定住人口の年間消費額１２４万円[8]を前提にすれば、約１０００億円の直接消費が地方に見込まれる。

第４に未来人材育成だ。街づくりは人づくりであり、将来の担い手たる地域の若年層のために、逆参勤交代者が貢献できる分野は多岐に渡る。例えば、地元の中高生向けに逆参勤交代者がキャリア教育を担う。エンジニアは「ものづくり」を教え、ホテルマンは、「おもてなし」を教え、海外留学や海外駐在経験者は、「海外で学ぶこと、海外で働くこと」を教える。ビジネスパーソンのキャリアに基づいた「働く論」は、地方の若年層にとって多くの気づきがあるはずだ。

以前、筆者は奄美群島の徳之島に首都圏の社会人十数名と一緒に訪問した際に、地元高校生に「働くこと」の勉強会を実施した。建築家がデザインの話をすると男子高生が身を乗り出して聞き、元キャビンアテンダント（CA）がホスピタリティの話をすると女子高生が目を輝かせる。高校生が通常知り得ない社会人の話を聞くことは貴重な経験であり、将来のキャリア形成にプラスである。

ちなみに、逆参勤交代者が若者に伝えるのは、何も華麗なる成功体験だけでなく、失敗談や苦労話でも良い。この勉強会で、高校生が一番印象に残ったのは、会社が破綻してリストラを経験した男性の話であったという。そう考えるとバブルの失敗、リーマンショックでの失敗、新規事業の失敗を経験した「しくじり先生」は数多く存在するわけであり、そうした失敗談も未来人材育成において大きな教訓としてのコンテンツとなるはずだ。

企業へのメリット

次に逆参勤交代がもたらす企業へのメリットを示したい（図表6）。

第1に働き方改革である。働き方改革がこの数年注目されているが、実際は早帰りや有給休暇の取得といった「改善」レベルに留まっており、とても改革と呼べるものではない。

丸の内プラチナ大学　徳之島伊仙町での地元高校生との勉強会

（写真）丸の内プラチナ大学

図表5　逆参勤交代・地域へのメリット

関係人口の増大 観光以上移住未満の人口増加 第二のふるさとづくり	**担い手不足の解消** 自治体の業務支援 企業の販路開拓、海外進出
オフィス・住宅の需要創造 逆参勤交代者用のオフィスと住宅 IT インフラの整備	**未来人材の育成** 逆参勤交代者のキャリア勉強会 失敗談のしくじり先生も有望

一時期「プレミアムフライデー」が注目されたが、今ではすっかり影が薄くなっている。消費意欲を高めることが目的に思われがちなプレミアムフライデーであるが、本来はワークライフバランスやイノベーションの創出が主目的であった。金曜の午後から会社の近くで酒を飲むくらいであれば、プレミアムフライデーを逆参勤交代奨励日にすべきである。

今必要なのは、本当に働き方改革と呼べるドラスティックさだ。早帰りや有休取得のようなありきたりの施策でなく、逆参勤交代のような「程良い強制力」をマスボリュームで大々的に実施することである。これにより社員のモチベーションを高め、家族との時間を増やし、ワークライフバランスを高めることが期待できる。

一方で人材の活性化という視点では、(株)日本人材機構が実施した「首都圏管理職の就業意識調査」が興味深い結果を示している。例えば、「あなたの会社の同年代で何割の人が力を発揮して活躍していますか」の質問では、「1割」「2割」「3割」の回答で過半数に達する。「もしキャリアをやり直せるなら転職しますか」の質問に対しては56%が「はい」と回答している。つまり7割以上が能力を発揮できずに、さらに二人に一人以上が「辞めておけば良かった」と思いながら仕事をしている。[9] こんなにもったいないことはない。それであれば、逆参勤交代で自分の力を発揮してもらい、あるいはキャリアを転換してもらう方が、本人にも企業にもプラスである。

第2に人材育成である。江戸時代には各藩の有望人材が江戸に向かい、諸藩の優秀な人材と交流した。そして、今は、地方公務員が中央官庁や東京の民間企業に出向する現代版参勤交代があるが、逆参勤交代を人材育成と捉えて、首都圏の民間企業の将来の経営幹部が、地方の企業、経済団体等に出向して、地域の課題解決に取り組むことで、キャリアやスキルアップを積むことが可能である。

さらに採用の視点でも、最近の売り手市場の新卒採用で苦労する企業では、「わが社は全国各地での逆参勤交代という自由な働き方ができます」とアピールすれば企業イメージが向上して採用のプラス材料になる。

第3にビジネス強化である。ローカルイノベーションという言葉に示されるように、地域課題の解決に自社の技術やサービス、異業種との連携による新たな価値創造・事業創造が注目されている。地方は課題が山積みであり、高齢化、介護、健康支援、観光、移動交通、子育て等、多様な分野に企業のビジネスチャンスがある。新しい技術やサービスの開

図表6　逆参勤交代・企業へのメリット

働き方改革
- ワークライフバランス向上
- 兼業、副業推進

人材育成
- 若手、中堅の武者修行
- 新卒採用、シニア流動化

ビジネス強化
- ローカルイノベーション
- 自社技術・サービスの活用

健康経営
- 社員のメンタルヘルス改善
- 健康経営が企業価値向上

発において、ユーザーとして市民も参加する「リビングラボ」が注目されているが、地方はまさに絶好のリビングラボの場と言えよう。

第4に健康経営である。首都圏の大企業の健保組合の多くは、従業員の高齢化やメンタルの不調による財務状態の悪化に苦しんでいる。従業員の不健康による大企業の損失は数億円から数十億円にものぼると言われている。「わが社は健康経営推進のための逆参勤交代を導入しました」とすれば、SDGsの視点からも顧客や株主からの評価が高まり企業価値も向上することになる。

このように、「働き方改革」「人材育成」「ビジネス強化」「健康経営」の視点から逆参勤交代は企業に多面的なメリットをもたらすことが期待される。

1　「健保組合予算早期集計結果」２０１９年　健康保険組合連合会
2　「『第１子出産前後の女性の継続就業率』及び出産・育児と女性の就業状況について」２０１８年　内閣府男女共同参画局
3　「就業構造基本調査」２０１７年　総務省
4　「次世代シニア問題」２０１４年　リクルートワークス研究所
https://www.works-i.com/research/works-report/item/141008_senior.pdf
5　「平成27年版情報通信白書」総務省
6　「平成28年経済センサス―活動調査　速報集計（企業等に関する集計）」総務省
東京、神奈川、千葉、埼玉、大阪、京都、兵庫の国内常用雇用者数１、０００人以上の企業、非農林漁業勤務者、公務を除く。
7　毎日新聞、ＮＨＫ、明治大学地域ガバナンス論研究室（小田切徳美教授）共同調査、２０１５年12月公表。
8　平成27年版情報通信白書　総務省
9　「２０１８年度首都圏管理職の就業意識調査」２０１９年（株）日本人材機構

第2章

逆参勤交代への各界からの期待

逆参勤交代に関して各界の有識者はどのように思っているのだろうか？　対談のなかから逆参勤交代への期待や課題、普及のための解決策が見えてくるはずだ。

1 理想の社会を描き、人を育てよ

――期待・課題・解決策 逆参勤交代はプラチナ社会そのもの

小宮山 宏（株式会社三菱総合研究所 理事長）

profile｜こみやま・ひろし　1972年東京大学大学院工学系研究科修了。東京大学工学部長等を経て、2005年4月に第28代東京大学総長に就任。2009年3月に総長退任後、同年4月に株式会社三菱総合研究所理事長に就任。2010年8月「プラチナ社会」の実現に向けたイノベーション促進に取り組む「プラチナ構想ネットワーク」を設立し、会長に就任。

逆参勤交代の実現に向けては地方創生、少子化対策、働き方改革などの分野で様々な期待が寄せられる一方、課題も存在し、解決策が求められている。環境問題や高齢化社会の課題を高いレベルで解決する「プラチナ社会構想」を提案する、東京大学元総長で三菱総合研究所理事長の小宮山宏氏に聞いた。

逆参勤交代とプラチナ社会構想

――逆参勤交代に関しては、地方創生、少子化対策、働き方改革といった分野での期待があり、先生が提案されている、「プラチナ社会構想」との親和性もあると感じます。

私は21世紀の世界が必要とする社会モデルは、「地球が持続し、豊かで、人の自己実現を可能にする社会」だと考えており、このような社会を「プラチナ社会」と呼ぶことを提案しています。高齢者に対してはシルバーという言葉が用いられますが、シルバーでは活力あるイメージが持てず、ゴールドより下という印象です。ゴールドは少しギラギラ感があって、元気は良いけど成熟感のない、いわば20世紀のイメージ。プラチナという言葉には、金より高価で品格があり、輝きが失せない元気なイメージがあると思います。

逆参勤交代は、このような社会を目指す「プラチナ社会構想」との親和性が高いと感じます。時間、空間の束縛から自由になった今、逆参勤交代は、プラチナ社会構想の目指す自己実現と符合します。東京や大阪のような大都市は重要ですが、いずれも子どもを育てる最適な場とはいえず、大人が仕事をして夜、酒を飲むのに適するような場所です。最近、知人の娘さん夫婦が大企業を辞めて山梨で農園を始めるなど、私の周りでもIターンする人たちが出てきています。また、たまたま行った地方を好きになって繰り返し訪れる人たちもいて、このような「関係人口」が増える傾向が加速されれば良いと思っています。

地方は自然が美しく、素敵な人たちも多いと感じます。魅力的な人がいる地域には人が集まり、地域が良くなっていきます。北海道の上士幌町《かみしほろちょう》へ行ったことがありますが、そこにあるようなインフラも重要だと思います。寒い冬の日でもバドミントンができ市民が集える場があり、魅力的な人がリードして新しい取り組みがどんどん進められています。そして雇用が生まれ、若いカップルに対する支援や家の提供が行われているほか、保育所は完備されています。

異なる生活に触れさせ、価値観の転換を

——逆参勤交代の実現に向けては、様々な課題もあります。特に、大企業経営者のマインドを変化させることは難しく、これが逆参勤交代を阻む壁になっているようです。

日本の人たちは休暇があっても取得できず、「取りなさい」と言われても何となく取れない、そういった雰囲気があると思います。また、東京のハイテンポでハイテンションな状態と、地方の生活や働き方との間には大きなギャップがあります。逆参勤交代の1つの

課題は、大都市の人たちがどのように地方に慣れていくかということかもしれません。私は過疎の地域へ行くほど、自治体職員の地頭が良いのを感じます。これは、それらの地域には、他に安定した就職先がないからだと思います。ですから、その地域のエリート中のエリートが集まるわけです。

これらの人たちが外の世界に関する知識をもっと持てば、他の地域と比較したうえで、自分たちの良い点や遅れている点を認識できるはずです。彼らに他の地域のことを伝え、より良い地域を作っていくためにも、逆参勤交代でよそ者が入ることは重要です。

一方、逆参勤交代で地方へ行く側も、それまでとは違うものを見たり、違う生活に触れることができます。失いつつある故郷の懐かしさとでもいいましょうか。逆参勤交代には2カ所居住や1・5カ所居住、あるいは「関係人口」として地域と何らかのつながりを持っていくなど、様々な形で、より良い人生を送れる可能性があると思います。

大企業における逆参勤交代の実施には、確かに難しい面もあるでしょう。しかし、在宅勤務が当たり前なIT企業なら、社員の逆参勤交代も認めやすいはずです。さらに、労災の課題などにも現実的に対応できそうです。

大企業の場合、一律的な規則で対応しようとするから難しくなるのです。働き方改革のユニークな取り組みで知られるソフトウェア開発会社のサイボウズでは、「1週間の半分だけ働きたい」、「親の介護があるので、この時間帯は家にいたい」といった社員の要望すべてを認めることにしました。そうしなければ、社員がどんどん辞めてしまうからです。これは私なりに言えば、「一人一就業規則」です。従来の日本企業は「全員一就業規則」という極端な状況にあり、身動きが取れなくなってしまっているのです。

企業価値向上や人財育成との連動も

——逆参勤交代が抱える課題の解決策としては、持続可能な開発目標（SDGs）やESG（環境・社会・ガバナンス）投資との相乗効果を生み出していくことも考えられます。地方創生につながる逆参勤交代を行えば、企業価値が高まり、市場からも評価されるという流れを作っていくことです。あるいは、かつての「葵の御紋」のような形で、逆参勤交代の実施を国が主導する方法もあるかと思います。

政府は「プレミアムフライデー」を掲げていますが、個人の生活にそのような形で国や政治が関与するのは良くないと思います。しかし、国としての大きな課題の克服のために逆参勤交代を実現させる、そのための規制緩和や新制度には意味があると思います。というのも、逆参勤交代やそれによる地方創生は少子化対策でもあります。少子化問題をこのまま放置すれば、人口はゼロになる、つまり国がなくなってしまいます。日本と同様に少子化問題を抱えてきたドイツでは、出生率が１９９５年の１・２から１・６にまで回復しました。今度ＥＵの欧州委員会委員長にドイツのウルズラ・フォン・デア・ライエン氏が就任しましたが、彼女は以前、国の重要課題としてドイツの出生率を高めることに取り組みました。激論が交わされ道は平たんではありませんでしたが、現在の出生率回復につながっているのです。このままだと、日本は先進国の出生率回復の流れから取り残されます。

子どもを産むか否か、これはもちろん１００％個人の自由です。しかし、人口対策や地方創生は国家の課題です。個人の自由を大前提に、何をどこまで行政がやるべきか、十分な合意を図ったうえで、「葵の御紋」的なやり方も有効かもしれません。ただ、まずはＥＳＧのような、企業が最も気にしているところからきっかけを作っていくのが良いと思います。

――逆参勤交代は、「未来人財育成」との親和性も高いと感じます。都市部の人間が地方へ行って、子どもたちの前で自分のキャリアに関する話をする機会があれば、子どもたちに刺激を与えられるはずです。

私たちが行っている未来人財育成塾では、全国から中学生を集め、5泊6日程度のプログラムを実施しています。当初は講義が中心でしたが、徐々にグループワークの比率を高め、2019年は半分以上がグループワークになっています。グループワークで、未来社会について考えるのですが、その際、大学生がチューターを務めます。さらに最近はNPOなどのシニアにも来ていただき、一緒に議論を行っています。多世代、男女、国籍などの多様性が、議論の活性化やグループに明るさをもたらすのを実感しています。老若男女、地域や生活の意味について考え始めるのです。おそらく、このような活動が、地域活性化にもつながるでしょう。

例えば、鹿児島県・種子島の高校では、「未来の市長になったら何をするか」というテーマでグループワークを行い、議論しています。大学生がチューターで、教員も入ります。中高生や大学生は色々なアイデアを持っていますが、経験が足りません。そこにITは不得手だけど、人生経験は豊富というシニアが入ることで、シニア自身を含めすべての参加者が成長します。これはまさに広い意味の未来人財育成塾で、「三方一両得」、あるいは「四方一両得」だと思います。さらに公開で未来市長の発表会を行うと、「島の最高学府の学生たちが出るから」ということで多くの市民が集まります。このような取り組みが7、8年も続けば、地元の医師会や森林組合、農協など様々な組織の人たちも「若い人が動き出して真っ当なことを言っている」と感じ、地域社会が変わっていくはずです。種子島ではすでに萌芽が出始めています。

約1万年の歴史の中で、100年ほど前までは、ほとんどの人の目標は「飢えないこと」でした。現在は多くの人が食べられるようになってきましたが、これは人類史上、初めてのことです。食べられるようになるのは良いことですが、これによって祭りがなくなりました。祭りは従来、「お米が採れた」、「今年も食べられるように」といった共通の目的で一生懸命やってきたことの結果として行われ、これによって否応なしにコミュニティがまとまったのです。

先進国では食べられるようになったことで、次第に祭り本来の意味は失われつつあり、同時にコミュニティの結束も弱まっています。工業化の過程では、会社の運動会のような行事がとって代わりました。そして、社員旅行を行なったりもしましたが、今は「旅行など1人の方が良い」、「運動会など馬鹿馬鹿しい」という時代です。一生懸命働いて、「今年もベースアップできた」、「皆で頑張ろう」という状況がなくなるなか、コミュニティと

してのアクティビティを保ち、その中で人の自己実現を可能にするためには、何か本気で一緒にやる対象が必要だと思います。その対象を生み出すために、例えば、「全国逆参勤大賞」といったものを作るのも良いかもしれません。

人間は「食べられるようになった」ことで、「豊かになりたい」という新たな目標ができました。しかし、豊かさの最上位にある自動車が買えるようになって、目標が失われました。このような時代に本気になれる共通の目標は何なのか、それは「もっと良い社会」ではないでしょうか。もっと良い社会として提案するのがプラチナ社会、「地球が持続し、豊かで、人の自己実現を可能にする社会」です。逆参勤交代はプラチナ社会と非常に親和性が高い取り組みだと感じます。

＊アフタートーク：お互いからみた印象

（松田）小宮山理事長は、圧倒的なカリスマ性と厳父のような一面がありながら、彼の講演を聞く人はなぜか皆笑顔になります。「百人の有識者より一人の実践者」という言葉に、勇気づけられています。

（小宮山）松田君は、大切だと確信したことを粘り強く推進できる人。難しいことを楽しく面白く話せる人であり、イエス・キリストを彷彿させる、例を引くのがうまい人。総じて時代が必要とする人でしょう。

2「生涯活躍のまち」構想実現と逆参勤交代

竹中　貢（北海道上士幌町長）

profile｜たけなか・みつぎ　1948年留萌管内羽幌町生まれ。北海道教育大学釧路校卒。1971年上士幌町役場入り、町教委社会教育課長などを経て、2001年の町長選で初当選し現在に到る。

北海道上士幌町は、住民が元気でゆとりある老後を過ごせるよう、「生涯活躍のまち」構築を重点政策に掲げている。また、「健康寿命の延伸」によって人口減少を抑制し、地域経済の活性化を図っていく。このようなまちづくりを進める中で、逆参勤交代へのどのような期待や課題、解決策があるのか。

明治以降の東京一極集中によるひずみ

――町長の逆参勤交代に対する印象は、どのようなものですか。

江戸時代には地方で様々な文化が生まれ、産業も発展し、各地域が非常に自立するという動きがありました。しかし、明治時代になると世界の列強と向き合わなければいけない宿命的な立場になり、人も物も情報もすべて東京に一極集中するようになりました。それから150年が経ちますが、相当ひずみが生まれています。地方が再び元気になるには、従来の考え方を変えていく必要があります。

私たちが小さい頃は東京へ行くことが憧れで、それが出世の道だと考えていました。しかし、今はもう一度、地方が元気にならなければ、均衡の取れた社会は成り立ちません。他方で、人口減少時代に入り、地方創生が叫ばれる中、都市の人々がどのようにして地方へ来るかということに関し、説得力のある発信はあまりなされてきませんでした。政府は生涯活躍のまちとしてCCRC（Continuing Care Retirement Community, 健康時から介護時まで継続的なケアが提供される高齢者の共同体）を掲げていますが、CCRCは読み解いていくと、サービス付き高齢者住宅を地方に造るというもので、現実はそう簡単に行きません。

一方、逆参勤交代という考え方は時代に合ったものだと感じます。参勤交代は古い言葉で、逆参勤交代は東京から地方へという逆の発想ですが、現代の課題解決に向けた非常に良い提案です。私たちは東京の人たちに、上士幌町に関心を持っていただきたいと考えていますが、一方通行になっていて、東京の人たちは関心を持てないというのが現実です。ですから、何か東京から地方へ人を送り出すという作用が必要で、逆参勤交代はその良い仕組みだと感じます。

上士幌町へのふるさと納税は年20億円に上っており、その使い方も評価されています。延べ約12万人がふるさと納税をしてくださっているので、上士幌町ではメーリングリストを作り、その方々にまちの情報を送っています。地方は東京からかなり立ち遅れていますが、私たちはふるさと納税の見本市や感謝祭など、対等な関係で東京に行き、メッセージを発信していきたいと思っています。

——ＣＣＲＣは、私自身は、カラダの安心、おカネの安心、ココロの安心のコミュニティと考えますが、逆参勤交代もこれと同様だと思います。

今、言われているＣＲＣ構想を実現するには、もう少し時間がかかるという気がしますが、上士幌町ではこれまでも生涯活躍のための学習や健康寿命を延ばす取り組み、移住定住の促進策などを行ってきました。今はまず関係人口を増やし、ゆるやかな関係を作りながら、やがてニーズがあって移住定住したいとなるよう、発展していけば良いと思います。初めから移住定住は無理でも、時間軸の中で変化していくでしょう。

多様な人々に来てもらえる受け皿を作りたい

――上士幌町が直面する課題に対し、逆参勤交代をどのように活用できると思いますか。現在のまちで最大の課題は何でしょうか。

自分たちの良さにはなかなか気づかないもので、それを発見してくれるのは、よそから来る方々だと思います。ですから、逆参勤交代で来た方々に、まちの良さを見つけてほしいです。一方、上士幌町の課題は医療や福祉など様々な領域にあり、多様な方々に来ていただける受け皿を作っていきたいと考えています。まちのありのままの姿を示し、それを色々な形で色づけしてくれる人たちに来ていただきたいです。例えば、デザインをする方や、インターネットで仕事をする方もいるかもしれません。まちに今ある資源を最大限に活用してもらうため、私たちは幅広く情報を発信していきます。

今は新しい時代で、特にネット環境が整っています。これに伴い働き方改革が行われ、東京で仕事をすべてやらなければいけないという時代ではなくなってきました。また、定年まで同じ職場でずっと勤めることを本望とする人が少なくなり、色々なことに挑戦したいという人が増えていると感じます。このような挑戦に対し、上士幌町は許容力をもって受け入れられる環境を整えていきます。

――私たちは来年度、東京のビジネスパーソンが集う市民大学の丸の内プラチナ大学の上士幌分校を創りたいと考えています。そして、継続性を持って、上士幌町を訪れる仕組みを作っていきたいです。

良い試みと思います。上士幌町の移住への取り組みでは、これまでにも成果が出ています。色々な経験を重ねた結果、最後は完全移住になる方々がいらっしゃいます。また、地方へ来ていただくには、やはりしっかりした受け皿が必要で、私たちは現在、シェアオフィスを造っています。これは2020年6月に開業予定となっています。

東京オリンピックは働き方改革の大きな追い風に

――逆参勤交代や移住で上士幌町へ来てもらうためには、何が必要だとお考えですか。

必要なことはたくさんありますが、特に相手方にとって、上士幌町に来る意味、上士幌に行けば、より自分たちの想いが実現できると感じてもらうことだと思います。現在、上士幌町の大きな魅力は、食料自給率が２０００％というところにあります。さらにエネルギー自給率は、バイオマスだけで年間発電量の１００％を占めています。これに太陽光や水力を加えると、１０００％にもなります。現在は持続可能な開発目標（ＳＤＧｓ）の達成に向けた取り組みが重要になっていますから、ＳＤＧｓの視点で、例えばクリーンなエネルギーを通じた社会貢献、あるいは直接そういった仕事を生業にしている企業と望ましい関係を作っていければ良いです。

そのためには、そのような企業の方々に上士幌町の情報を届けることが重要となります。しかし、こちらに色々な想いがあっても、情報はなかなか相手方に届きません。私たちの声だけでは難しいので、国として都内の企業人や若者に対し、地方へ行く魅力をもっと伝えてほしいと思います。それらの人たちの背中を押すような政策や情報提供を、国の関係

機関がもっと行っていくことが地方創生の大きな課題の1つだと感じます。テレワークやワーケーションなど地方での多様な働き方に関する情報は現在、企業など様々な組織で求められています。国の機関が「私たちが窓口になりますよ」と言ってくれれば、一気に動くだろうと思います。

東京2020オリンピック・パラリンピック競技大会は、そのための大きな追い風となるでしょう。この機会に、働き方改革を否応なしにやらざるを得ないはずです。また、この機会を逃せば、もう実験ができないのではないでしょうか。2020年6月に完成予定の上士幌町のシェアオフィスは、良いタイミングでできあがります。地方に住むことは大事だということが、将来は普遍的な価値になっていけば良いです。すぐに実現できることではありませんが、理想的な形がそこにあるとすれば、最初は大変でも、動き始めたら加速していくと思います。

＊アフタートーク：お互いからみた印象

（松田）竹中町長は、フットワークが良く、有言実行の人。数年前に「ＣＣＲＣの話を聞きたい」と単身で来社されたのが出会いでした。ふるさと納税や新エネルギーの推進等、言ったことを必ず実践し、逆参勤交代も、「直ぐ講演して欲しい」、「直ぐ実施して欲しい」と町長の有言実行の精神に引っ張られています。

（竹中）童心に似た夢や、それに挑戦する無垢さを松田さんには感じます。時代を的確に読み、信念を貫く行動力に敬服します。地方創生の戦略として、逆参勤交代という提案は、松田さんの柔軟な発想力によるもので、東京一極集中の是正という課題に対し新しい風として注目を集めています。国の第２期総合戦略の中核的な取り組みの「関係人口」には、逆参勤交代の理念が反映されていると思います。

3 メディアで街の魅力を広め首都圏「防災の砦」に

久喜 邦康（埼玉県秩父市長）

profile｜くき・くにやす　1954年、埼玉県秩父市生まれ。1980年日本医科大学医学部卒業、同大学付属病院 外科医局に入局、1988年日本医科大学大学院を卒業と同時に久喜医院を開業。外科医、医学博士。2006年秩父市議会議員、2009年秩父市長へ当選、現在3期目を務める。趣味は写真、サイクリング。座右の銘は「和を以って貴しと為す」。

埼玉県秩父市は東京から近く自然に恵まれた地域で、近年、観光客が増加している。その一方で人口減少が進んでおり、FMラジオやインターネットTVのようなメディアによる秩父の魅力発信や、周辺自治体との連携強化など様々な取り組みを進めている。秩父市が抱える課題やその取り組みとは何か。

盆地の外へ出た子どもたちに帰ってきてもらう

――「逆参勤交代」という言葉について、どのように思われますか。また、その実施に向けて、秩父市が直面する課題はどのようなものでしょうか。

参勤交代は江戸時代の言葉で、その後、長い間、使われてきませんでした。それが復活したということで、タイムラグが逆にインパクトになったと感じます。今は東京が勝ち組で、地方が負け組になっています。私の職業は元々、医者ですが、人間の体には心臓と頭という中枢部位があり、これを日本に当てはめれば、東京と大阪に当たると思います。また、体には手足など他の様々な部位もあり、これらは医学用語で末梢と呼ばれます。日本では、この末梢に当たるのが地方です。人間の体は中枢部位だけでは駄目で、末梢と中枢が共にしっかり機能することが重要であり、国も同様だと思います。さらに、それらをつなぐのが血管や神経で、これは国ではインフラに当たります。インフラがきちんとあることで、地方と中枢がつながります。

秩父市が抱える最大の問題は人口減少で、これをどう食い止めるかが課題です。「秩父には働き場がない」という人たちもいますが、実際には働き場はあり、「募集しても人が来ない」という企業もあります。この状況が、うまく伝わっていません。もう1つ、秩父は盆地なので、子どもたちは、一度は盆地の外に出たいと思うのです。ですから、秩父から出て大学や専門学校などへ行っても、その後に帰ってきてもらうことが大切で、そのための取り組みを進めていきたいです。

FMラジオやインターネットテレビで魅力をPR

――今すぐ転職や移住はできなくても、「地域に貢献したい」と考えている人たちは、あらゆる世代に存在すると思います。こういう人たちが関係人口として、秩父のようなところに入ってくることの意義は大きいはずです。秩父市としては、これらの人たちとどのようにつながっていきたいとお考えですか。

東京など秩父の外にお住まいの方々に関心を持って来ていただくことはありがたく、その想いが途切れず、続いてほしいと願っています。また、秩父には関心を持っていただける要素があると自負しています。その要素は複合的で、多くの人に体験していただきたいです。例えば、住民の生き様や人懐っこさ、人の良さ、豊かな自然、そして製造業などの仕事がその例として挙げられます。

私たちは秩父に関心を持っていただくための手段として、FMラジオの「ちちぶエフエム」(民間運営)と「秩父おもてなしTV」(公社運営)というインターネットテレビを持っています。ラジオと動画の双方で、秩父を内外にPRしているのです。もちろん、SNS等も活用しています。また、マスコミも秩父に関心を持ってくださっており、週1回ぐらいはテレビなどで取り上げられます。このような中、秩父の観光客数は約1000万人となり、これは沖縄と並ぶほどの数です。

再エネを促進し、「森林ダム」整備で防災の砦に

――逆参勤交代では、「続ける、深める、広める」が重要だと感じます。活動を継続させると共に人間関係を深め、さらに提案された取り組みを具体化して深めていきます。また、多くの人々に広めることも大切で、これには周辺自治体との広域連携も役立つと思います。将来的には、全国の市町村と「逆参勤交代首長広域連携」もできれば良いと考えています。

周辺自治体との広域連携では、秩父地域には1970年に発足した「広域市町村圏組合」があり、現在、秩父市を含む1市4町が共同で10の事業を行っています。さらに、2009年度からは定住自立圏構想にも取り組み、「ちちぶ定住自立圏」を形成しています。

ここでは医療や産業振興、公共交通などの事業を、1市4町共通で展開しています。

逆参勤交代に関する全国市町村との連携も、良いアイデアだと思います。全国の多くの自治体が同様の問題を抱えているはずで、共に勉強する機会があれば役立つでしょう。また、同じ問題に関しても立場が異なることもあり、異なる取り組みを互いにシェアしていくこともできるはずです。例えば、秩父のように東京から近い地方には、それなりの問題があります。その具体的な例を1つ挙げれば、訪れた人たちが宿泊せずに日帰りしてしまい、地域経済の活性化につながりにくいということがあります。このような中で東京2020オリンピック・パラリンピック競技大会は、秩父を世界にPRするための良い機会だと考えています。遠くから来られた方が、秩父に宿泊して東京でオリンピック・パラリンピックを見ることもできます。

また、秩父には東京や県都のさいたま市にはないものがあり、それを通じて他の自治体との連携を広げていけると思います。1つはエネルギーで、秩父には再生可能エネルギー、特に水力発電があります。水力発電による発電量は5万5000世帯分をまかなえるほどで、秩父の外の地域にも電気が供給されています。私は今後、環境保全に関する取り組みが地域のまちづくりにつながっていくと考えており、電力の地産地消を進めていきます。

海外からの化石燃料の輸入にたくさんのお金を使うのでなく、地元で環境に良い再生可能エネルギーを促進し、お金を回していければ地域経済も活性化できるはずです。

もう1つ、秩父が持っているものに森林があります。最近は各地で大変な洪水が発生していますが、洪水の原因は水をしっかりコントロールできていないことにあります。秩父には4つのコンクリートダムがあり、これらは洪水を防ぐ役割を果たしています。さらに、これらのダムとは別にいわゆる「森林ダム」、緑のダムがあり、木の中でしっかり保水がなされるのです。この2つのダムによって洪水を防ぎ、周辺地域や川下の方々を守っていくことが私たちの責務だと考えています。

人口減少が進んで財力がない中、これをしっかりやっていくのは困難ですが、国では2019年9月に「森林環境譲与税」を全国の自治体に配分しました。これは森林整備に関する取り組みに充てるお金ですが、さいたま市や東京のようなところには森林があまりないので、配分された譲与税を秩父の森林整備に使っていただくこともできるのです。今後はそのような形でも、他の自治体との連携ができていくと思います。

東京との間では既に2019年7月、姉妹都市である豊島区が、秩父の市有林を「としまの森」として整備していくことで私たちと協定を締結しています。協定の期間は5年で、

これによって豊島区で排出される二酸化炭素（CO^{2}）を「カーボン・オフセット」すると共に、森林を区民の自然体験にも活用していただけます。また、洪水防止の観点では、危険な状態にある森林は調査によって把握できることから、この譲与税をそれらの整備にも使い、防災にも役立てられると思います。水をしっかり森林に蓄えてダムへの負荷を減らせれば、台風や豪雨の際に緊急放流をしなくて済み、秩父は「防災の砦」になれると思います。

＊アフタートーク：お互いからみた印象

（松田）久喜市長は、医師出身の市長であり、医師ならではの医療、介護、健康支援への熱意と、外科医ならではの政策実行の突破力が印象的です。秩父市の中高生の英語教育の底上げのために、市長自らSNSを活用されて、英語で日常の出来事や秩父の魅力を発信する「率先垂範型市長」の代表者だと思います。

（久喜）三菱総研のCCRCの若きパイオニア。市役所でのCCRCの講演会で縁が始まり、逆参勤交代で縁がさらに深まりました。松田さんは格好いい慶應ボーイで、昼の逆参勤交代の仕事だけでなく、秩父の居酒屋やバーやスナックの「夜の関係人口」の増加にも身を持って体現しています。

4 自然豊かな外洋離島でモバイルワークの推進を

白川 博一（長崎県壱岐市長）

profile｜しらかわ・ひろかず　芦辺町長・壱岐市森林組合代表理事組合長を経て、2008年4月、壱岐市長初当選。この間、長崎県離島振興協議会会長（2011年5月～2017年5月）、全国離島振興協議会会長（2012年5月～2017年5月）、財団法人日本離島センター理事長（2012年5月～2017年6月）を歴任。

長崎県壱岐市では人口減少が進む中、「ＳＤＧｓ（持続可能な開発目標）未来都市」として、経済、社会、環境の３つの側面で先進的な取り組みを進め、持続可能なまちづくりを目指している。移住者や関係人口を増やすことが重要課題の１つとなるなかで、逆参勤交代への期待や課題・未来とは何か。

テレワークを通じた関係人口の増加に期待

――壱岐市では人口減少が進む一方で、近年は外からの移住者も増えています。また、「観光以上移住未満」の人たちも増加しているようで、これらの人たちは将来、壱岐市へ移住するかもしれません。今後さらに移住者を増やしていくためにも、逆参勤交代のような取り組みは有効だと思います。

壱岐は九州北西部の玄界灘に浮かぶ島で、その魅力は、素晴らしい自然と長い歴史、そして食べ物です。博多からは1日4往復ある高速船を使えば65分で到達でき、他にフェリーや飛行機のような交通手段もあります。このように外洋離島としては交通の便が良く、東京からも3〜4時間で来ることができます。食べ物に関しては自給自足が可能な「実りの島」で、海の幸や壱岐牛、メロンやイチゴのような果物、アスパラガスといった野菜など食材の宝庫です。さらに、麦焼酎発祥の地で、市内には7つの焼酎メーカーがあります。壱岐は日本最古の歴史書「古事記」の国生み神話にも登場し、小さなものも含めると約1000の神社が存在します。

その一方で、壱岐市における最大の問題は人口減少です。1955年の人口は5万17

65人でしたが、その後60年間で2万4000人減少しました。高齢化が進み、若い人たちは外へ出ていくため、特に労働人口が減少しています。他方で、壱岐への移住者を増やすための様々な取り組みを進めており、2018年度には96人が移住してきました。

また、壱岐を訪れる人たちは従来、観光かビジネスのどちらかが目的でしたが、近年はモバイルワークをする方々に来ていただく取り組みにも力を入れています。島内の全家庭・全事業者に光ファイバーケーブルを引いているほか、テレワークセンターや短期滞在者向けのシェアハウスもあります。さらに現在は、テレワークとバケーションを合わせた「テレワーケーション」で来ていただくための取り組みも始めています。自然豊かなところで、ストレスのない仕事の場を提供していきます。2017年には「有人国境離島法」が制定され、これに基づく起業支援もあります。さらに市の産業支援センターが企業や商店街にアドバイスするなど、様々な支援を行っています。壱岐では病院や介護施設も整っているので、外から来られる方々も安心していただけると思います。

逆参勤交代による関係人口創出には、大きな期待をしています。これによって、従来とは異なる層の方々に壱岐へ来ていただくことができます。逆参勤交代は、安倍晋三首相が掲げる「働き方改革」の1つの大きな形でもあると思います。

キャパシティや交通機関の拡充が課題

——壱岐市で逆参勤交代を行う際の課題には、どのようなものがあるでしょうか。

逆参勤交代で行う仕事は、ほぼテレワークに絞られると思います。その場合、テレワークを受け入れる施設のキャパシティを十分なものにしていくことが課題です。また、来ていただいた方が居住できるシェアハウスがありますが、現在はまだ8名ほどしか入居できません。そういった宿泊のキャパシティも、増やす必要があります。壱岐には現在、工事現場の仕事で1~2カ月滞在する方々が割安で宿泊できるような民宿もあります。今後はそういった民間の宿泊施設も、活用していければ良いと思います。

また、壱岐では公共の交通機関が充分にありません。現在あるシェアハウスからテレワークセンターへは徒歩で通えますが、民宿などを活用する場合には、この点も課題となります。他には、逆参勤交代で壱岐へ来られた方々に、移住者と対話していただく機会を設けるなどの工夫もした方が良いと考えています。

——先日、丸の内プラチナ大学・逆参勤交代コースの受講生が2泊3日で壱岐を訪れ、壱

岐を活性化するための様々な事業構想を提案しました。例えば、東京や福岡の企業の管理職研修を壱岐で行う、壱岐の神主さんたちに観光客に向けて、ためになる話を色々していただく、壱岐で老後を楽しみたいというシニアのためにセカンドホームを造るなどのプロジェクトが提案されました。

提案はいずれも参考になるもので、市ではいくつかのプロジェクトについて、実現に向けた研究をしていこうとしています。企業研修は既に、富士ゼロックスと提携して始めています。また、壱岐には神主さんが多く、福祉などの分野で尽力されている方々もいることから、色々な話をしていただけると思います。セカンドホームの提案も、ぜひ実現したいです。

民間の活力を取り入れ、課題解決を目指す

——私たちは今後、丸の内プラチナ大学の壱岐分校設置を目標にしています。また、壱岐の子どもたちにも東京へ来てもらい、地方創生やＳＤＧｓについて双方向で学べれば良いと考えています。さらに、世界の離島の人々が壱岐に集まる「世界離島サミット」を開催すれば、壱岐は世界から注目され、島の子どもたちはふるさとにプライドが持てるはずで

す。**市長は壱岐の未来について、どのようにしていきたいとお考えでしょうか。**

先程挙げたキャパシティなどの課題解決では、民間の活力を活かしていければ良いと考えています。研修等では、現在行われている企業研修をさらに充実させ、継続していただきたいです。壱岐には天然の入江を仕切って造られたイルカの海浜公園「壱岐イルカパーク&リゾート」などの施設もあり、それらを活用して自然に関する研修もできると思います。

今後は丸の内プラチナ大学の壱岐分校も設置していただき、継続的なものになることを期待しています。学びに関しては、市では２０１９年10月に、慶應義塾大学のＳＦＣ研究所と「地域創生に関する研究開発の連携協力協定」を締結しました。その第一弾の事業としてＳＦＣ研究所の協力の下、市では２０２０年４月に向けて、「地域創生プロジェクト」の開発や実践、市の未来を担う高度人材の育成を行う「壱岐未来都市研究所（仮称）」設置の準備を進めています。

また、壱岐市は２０１８年６月、国によって全国29自治体が選ばれた「ＳＤＧｓ未来都市」の１つになり、さらに先導的な取り組みを行う「自治体ＳＤＧｓモデル事業」にも選定されています。ＳＤＧｓ（持続可能な開発目標）は２０１５年９月の国連サミットで採

択された２０３０年に向けた国際目標で、「誰一人取り残さない」を理念としています。壱岐市では２０１７年に「50年に一度」と言われる大雨があり、２０１９年にも同様の事態が発生していることから、２０１９年９月には国内の自治体では初めて「気候非常事態宣言」も行いました。ＳＤＧｓの達成に向けて経済・社会・環境の３つの側面で先進的な取り組みを進め、２０３０年のあるべき姿を目指し、持続可能なまちづくりを実現しようとしています。

＊アフタートーク：お互いからみた印象

（松田）白川市長は、即断即決の市長。話をするとその場で直ちに決めて、自ら行動に移します。日本版ＣＣＲＣや逆参勤交代の構想で意気投合し、すぐに壱岐市の政策顧問に任命いただき、壱岐市のトライアル逆参勤交代も直ちに実施を決断していただきました。こうした即断即決のスピード感が白川市長の魅力です。さらに壱岐焼酎を飲む時の柔和な表情は、もっと魅力的です。

（白川）松田さんとお会いした時に、「一度壱岐市にお越しください」と言ったところ、すぐにお越しいただきました。その行動の早さに驚いたことを覚えています。

さらに、懇親会の中で逆参勤交代構想を伺い、「壱岐市で実現しましょう」とその場で握手を交わしました。その後、多くの企業と共に壱岐市に再訪して、トライアル逆参勤交代を実現していただき、参加者からは、多くの地方創生のヒントとなる意見をいただきました。今後松田さんと共に、新たな地方創生の形を生み出していきたいと考えております。

5 東京の「歯車」から、地方の「心臓」へ

――右腕として活躍する人材を逆参勤交代で

小城 武彦（株式会社日本人材機構 代表取締役社長）

profile｜おぎ・たけひこ　1961年東京生まれ。1984年東京大学法学部卒業後、通商産業省（現・経済産業省）入省。カルチュア・コンビニエンス・クラブ株式会社を経て、2004年株式会社産業再生機構に入社、カネボウ株式会社代表執行役社長（出向）。2007年丸善株式会社（現・丸善CHIホールディングス株式会社）代表取締役社長を経て、20015年より現職に就任。

オーナー経営が大多数を占める地方企業では、経営人材・参謀人材の不足が課題となっている。大都市で活躍する経営人材を地方企業にあっせんし、地方への人材流動化の仕組みづくりを進める日本人材機構の小城武彦氏に、逆参勤交代との親和性と今後の期待について聞いた。

「オーナーの右腕人材」を地方に輩出

――地方が求める人材と、逆参勤交代への期待についてお聞かせください。

地方企業は、オーナーの変革志向を支える右腕人材が徹底的に不足しています。孤軍奮闘するオーナーには、ディスカッションパートナーや新しい知見を持ち込む人が必要で、これを逆参勤交代で補っていくとすごいことが起きると期待しています。小さい企業では、フルタイムで働くほどのボリュームはなく、パートタイムでも十分機能します。この点は、移住を伴わない副業・兼業による逆参勤交代との親和性が高いと考えます。

また、首都圏の大企業で働いている人は、自分の価値を社内価値で計っているので、一度社会における価値に目を向けるべきです。東京にいるとそれができないので、逆参勤交代はとてもいい機会になります。

大企業から見れば足りないところばかりに見える状況で、上からではなく対等な目線で話ができる人が求められています。私はビジネススクールなどで講義を受け持つ時、「地方の中小企業には、小さいからこその魅力がある」と伝えています。小さいからこそ経営が一気通貫に見通せます。リアルな経営を実感できる「事業の原型」がそこにはあります。

大企業だって昔はそうだったのです。

――都市と地域の人材を循環させていく取り組みを進めていくにあたり、課題はどこにあると思われますか？

課題は２つあります。１つ目は、首都圏の人材を縛る企業の囲い込みの部分をどう緩めるか。非正規社員の割合が増加していますが、コア社員を正規雇用として囲い込もうという構図は変わっていません。

しかし、人生１００年時代において60～70歳当たりで定年を迎える状況ではもはや「終身雇用」とは呼べなくなりました。政府は副業・兼業によって新たなキャリアの機会を各自が開拓していくことを推奨しています。みずほ銀行が副業・兼業を解禁したことはとても象徴的な出来事で、そうしないと優秀な人材を採用・維持できない時代が到来したということです。経済産業省は、昨年から人材戦略に力を入れていて、実際に動き出すモードに入っています。今後、人材を供給する側は充実してくるでしょう。

問題は、受け入れ側です。地方企業の多くがオーナー企業ですが、どんな人材を必要としているかが非常にあいまいで、「なんとなく次の一手が見えない」と漠然としているこ

地方には「事業の原型」がある

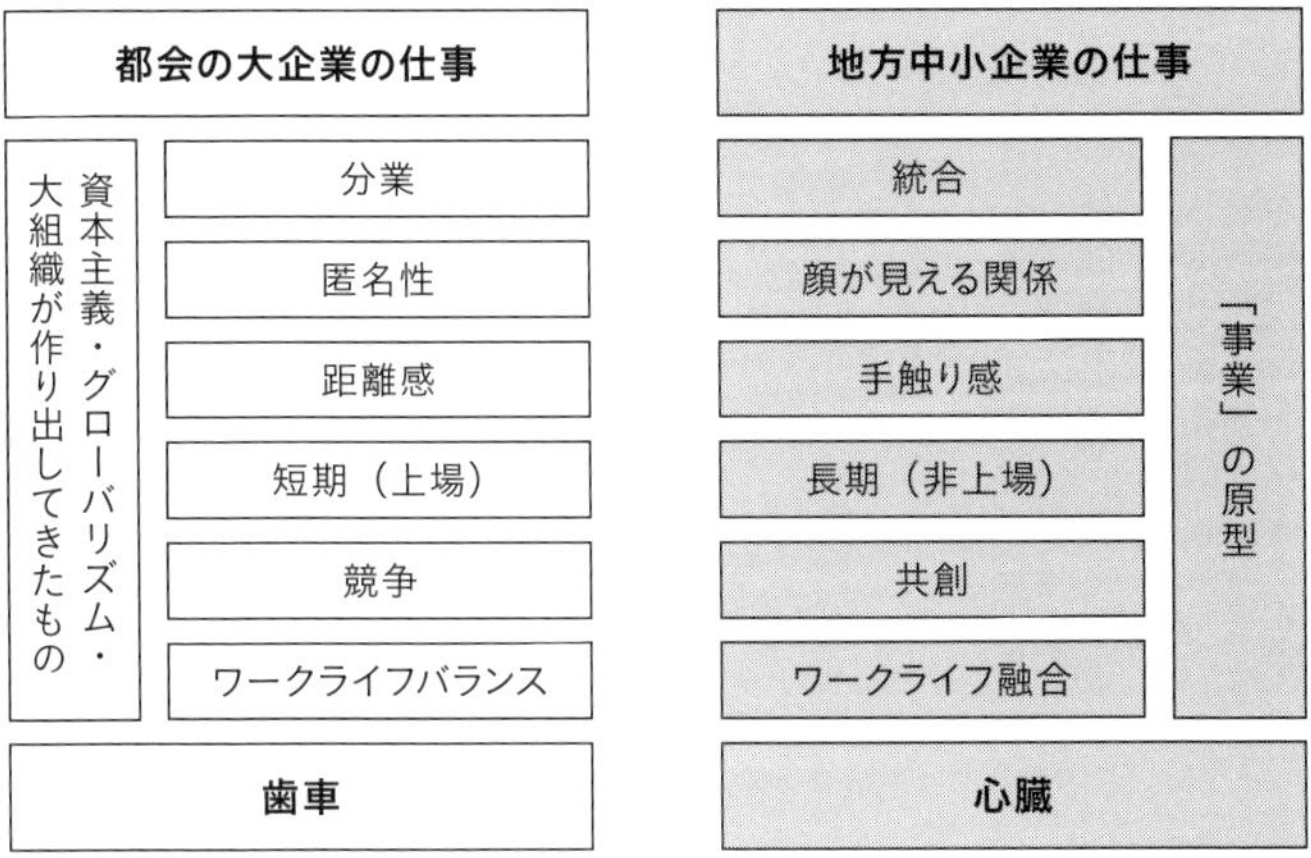

とが多いのです。

私たちは、そうしたオーナーとともに事業戦略を一緒に考え、ブラッシュアップしたうえで、そこに必要な人材像を検討する「診立て」の作業を行います。経営課題・優先順位を明確化し、ビジョンや戦略を示したうえでボトルネックはここだと具体的に示し、そこに貴方の力が必要ですと訴えると、首都圏人材は動きます。この訴求力、人材に対する働きかけ力を上げることがとても重要です。

2つ目は、首都圏の人材に地方の幹部求人に関する情報が充分に届いていないこと。つまり情報の非対称性が問題です。動ける人材がいても、地方に活躍できる場があるかどうかわからない状況ではマッチングができません。地域の事情を熟知した存在を巻き込み、ブラッシュアップされた情報が上がってくる仕組みを作る必要があります。その仲介機関の役割を、地域の企業の情報を持っている地域金融機関に担ってもらいたいと思っています。

――事業の方向性、事業課題などの実態把握をすることで、求める人材も変わるということでしょうか?

オーナーと経営の議論をするなかで、欲しい人材や会社の進むべき方向が変わることはよくあります。例えば、「売上が半減し、浮上のために海外進出をしたい。海外事業ができる人材が欲しい」という会社がありました。なぜ売上が落ちたかを調べてみると、主力商品であるPCパーツの需要減が原因でした。需要減は世界的な動向で、海外に出て行っても価格競争に巻き込まれるだけ。それよりも新しい事業領域に進出した方がいいのではと助言しました。自動車に使えそうな技術だったので、目的を自動車領域への新規事業開拓に変え、金属加工メーカーで自動車産業における商流開拓の経験がある人材を営業本部長としてマッチングしました。

さらに、金融機関とタッグを組むことで大きく前進する例もあります。ある会社で、工場の生産性が低いので、生産管理の人材が欲しいと言われて、金融機関の担当者も同行しました。競争力があり売上も伸びている中で、手狭な工場のキャパシティがすぐに上限に達することが予測されたため、現工場で数パーセントの生産効率改善を求めるのではなく、金融機関が融資をするので、規模の大きな新工場を作らないかと提案しました。そうなると、必要となる人材が変わってきます。

このように、企業と経営の本質的な議論をすることで、仕事の魅力が高まり、首都圏人材にとっては魅力的な機会になっていきます。

今後、この分析と戦略の部分を地域金融機関が担っていくべきです。地域金融機関が動き出せば、副業・兼業でのマッチングは増えてくると思います。企業をよくするための人材紹介や経営コンサルティングは、近くにいる地域金融機関だからこそできる仕事です。

地方の「心臓」として働く醍醐味を伝える

——今後、人材を循環させていくためには、何が必要だと思いますか？

地方企業で活躍している人のロールモデルを発信し、地方で働く醍醐味を世に知らしめていくことです。私たちも、「地方企業×経営幹部」に特化した求人メディアＧＭＪ

（GLOCAL MISSION Jobs）と、地方で活躍する人や有力企業を紹介するＧＭＴ（GLOCAL MISSION Times）の２つのサイトを運営しています。

副業・兼業人材の活躍の例を挙げると、大手食品会社の現役社員の方に、ある製造業の会社に品質管理の仕事で入っていただきました。オーナーがその方の仕事を高く評価し、地域の経営者仲間に声をかけ、地域の複数の工場の状態を評価してもらう「工場視察監査大会」を行って、みなさんとても喜ばれたそうです。副業・兼業で、転職や移住などのリスクを負うことなく、自分の手腕を発揮できる場所ができたのです。事例をもとに、「自分も活躍できるんだ！」という自信を持っていただきたいと思います。

首都圏の大企業と地方の中小企業では、人材に求められているものが異なります。型にはまる能力が求められる大企業の場合、それにはまらない人は評価されません。ですが、価値が創出できてコミュニケーション能力があれば地方で活躍できます。大企業で働く人の中には、能力のある人ほどさまざまなしがらみや制約に不満を抱えているものですが、地方に出るとそれがなくなります。力がある方が、東京の「歯車」ではなく、地方の「心臓」として働くこと、それが地方の活性化につながります。

＊アフタートーク：お互いからみた印象

（松田）小城社長は、会って3分で「この人は凄い」と思った方。企業再生で修羅場をくぐってきた度胸の据わり方と本質をずばり指摘する鋭さがあります。一方で、今の地方企業の魅力を話す時の底抜けに明るい表情が人をひきつけます。

（小城）松田さんこそ、大組織のしがらみの中で頑張っている人だと思います。逆参勤交代をしっかり担いでいて、松田さんあっての逆参勤交代です。逆参勤交代の構想から実装まで、突き抜けるまで頑張ってほしいです。

6 大丸有から発信する地方創生
——地方のイノベーションを加速する逆参勤交代

田口 真司
（エコッツェリア協会 事務局次長 SDGsビジネス・プロデューサー
三菱地所株式会社 開発推進部マネージャー）

profile｜たぐち・しんじ　1972年生まれ、岐阜県岐阜市出身。1996年横浜国立大学工学部卒業後、通信機器メーカーに入社。2010年3月より企業に所属しながらワールドカフェによる対話会を開始。2011年12月「企業間フューチャーセンター有限責任事業組合（LLP）」を設立。2013年2月に三菱地所に入社し、現職を兼務。

日本が抱える社会課題の多くは、地方の課題そのものであると受け止め、解決のために東京都心で「地方創生」の取り組みを進めるエコッツェリア協会。参勤交代で大名たちが向かった江戸城の大手門から、逆参勤交代を仕掛ける同協会の田口真司氏に、その取り組みについて聞いた。

エコッツェリア協会と三菱総研の連携

――大丸有のまちづくりを手掛けるエコッツェリア協会ですが、三菱総研と連携し「丸の内プラチナ大学」を開講しておられます。

まず、大手町・丸の内・有楽町地区を合わせた約123haを大丸有地区と言います。この地区の地権者が会員となって作る「一般社団法人大手町・丸の内・有楽町地区まちづくり協議会（大丸有まちづくり協議会）」、大丸有地区の地域活性化や環境改善、賑わいづくりを行う「NPO法人大丸有エリアマネジメント協会（リガーレ）」、そして「一般社団法人大丸有環境共生型まちづくり推進協会（エコッツェリア協会）」の3団体が連携し、まちづくりを進めています。

エコッツェリア協会は、エリア内の企業との協力関係をもとに、2007年5月に設立されました。もともとは環境問題を中心に活動していましたが、現在はこの地区に集う企業・就業者と次世代の働き方を実験しつつ、研究開発・事業企画に取り組んでいます。

私がエコッツェリア協会に入ったのは2013年で、方向を転換する時期でした。松田さんとの関わりができたのもこの頃で、大丸有サステイナブルビジョンを作成するために委員になっていただきました。エコッツェリア協会は「丸の内朝大学」を2009年より展開していて、松田さんが立ち上げたプラチナ社会研究会と組み合わせて何かやろうということで、「丸の内プラチナ大学」の構想が生まれました。ビジネスパーソンを対象としたキャリア講座です。最初は単発で開催し、徐々に企画メンバーの仲間を増やしていき、2015年度から本格的に開校しています。

これは松田さんと私との会話から生まれ、信頼の上に成り立ったものであり、最初から入念に事業計画を策定するのではなく、わいわいと関係性を築いていくやり方がとてもよかったです。三菱総研にエコッツェリア協会のアセットをうまくつぎこんだ形で、「プロジェクト型の働き方」の一例ではないかと思います。

「地方あっての大丸有」が根底に

――エコッツェリア協会は、大丸有から地方創生をしていくお考えをお持ちです。なぜ東京で地方創生なのでしょう？

東京に住む人は地方出身者が多く、ましてや3代続く江戸っ子はそれほどいません。東京、そして大丸有は、人材も食材も建材もすべて地方に支えられています。その地方を応援するのは当然だという思いがあります。

エコッツェリア協会が立ち上がった当時は、環境問題が大きなテーマでした。その後、東日本大震災をきっかけに我々の取り扱う課題も多様化し、人手不足をはじめ国内の社会課題を考えると地方に行き着きました。地方創生の取り組みは自然な流れです。

大丸有には製造業の企業もあり、工場は地方にあります。そういう意味では、大丸有と地方とのつながりは深いです。

東京は日本で一番人が集まり活気のある場所です。その中で様々な地域の方から「仲良くしているのは大丸有です」と言っていただけると、地方のファンが増えてきます。最終的にはそれがブランド価値に繋がっていくのではないでしょうか。

現在、エコッツェリア協会は、宮崎県、御殿場市と連携協定を結んでいます。他にもプロジェクトやイベントベースで多くの地域と繋がっていますが、そのアプローチは個と個がつながり、会話をする中でその地域の魅力や課題の話になり実際に会ってみる、「このテーマだったらプラチナ大学で取り上げたらおもしろいですね」と、そこから組織を使ってやっていく流れです。

しかし、組織と組織が組んでやる場合は、明確なゴールを決めてから動き出します。例えば、エコッツェリア協会と三菱総研が業務提携して地方創生をするとなると、「ＫＰＩはどうするか」という流れになり、最後に「地域はどこにしますか」ということになります。それでは課題解決にはなりません。

エコッツェリア協会と逆参勤交代

――田口さんは、実際にトライアル逆参勤交代に参加されていますが、ご自身が感じられたよい点と課題、今後の逆参勤交代への期待についてお聞かせください。

地域の人たちは、外からどう見られているのかをとても不安に思っています。そこに、都市部から自費で人が集まったとなれば、それだけで自信になります。悩みや課題を一緒に考える場面ではすごく真剣で、これは地域にとっては大きなメリットです。

一方、トライアルに参加する方は、地元の人に地域の歴史や文化を教えてもらえますし、首長さんが来られたりもするので、とても深い経験ができます。

難しいのは、創生のきっかけとなるアイデアを交換した後、ビジネスを立ち上げるまで我々がサポートを続けるのか、どこで手を放すのか、永遠の課題です。

私たちは、市民・ワーカーを巻き込みながら新しいことをやっていきたいと思っていますが、そのためには企業や組織の中ではなく、実際に人々が暮らす街で行う社会実験、いわゆる「リビングラボ」が必要です。大丸有は住民がいないので、居住地を巻き込んだ新しい試みや、小規模でやったほうがいい場合は地方でやる、という考え方を採り入れています。大丸有がイノベーションの拠点となり、都市と地方で実験して、お互いにいいところを実装していこうというスタンスです。それをつなぐ仕組みとしての逆参勤交代には、期待が高まります。

地方にも頑張っているイノベーターはいます。しかし、地方ではやる気のあるリーダーを必ずしも皆がサポートしている訳ではなく、そこを都市部から出向いたヨソモノが支えていかなくてはなりません。

大丸有には、約4300の事業所があり、約28万人の就業者がいます。これらをどう動かして逆参勤交代に持っていくか。こうしたなか、副業・兼業が解禁になるのは、大きな転換期になります。これまでにも、地方創生に興味のある就業者は多くいました。ただし、ビジネスとして取り組む場合、マーケット規模等が会社の戦略に合わず、事業として発展しないケースが見受けられました。この新しい働き方により、個人レベルでコミットしビジネスができるチャンスが増えていくと思います。そして、逆参勤交代をはじめ地方創生に携わる場合、様々な人たちとコミュニティを作ることが多いですが、「みんなでやろう！」と声を上げる時は、必ず自分もやること。自分だけでもやりきる気持ちで取り組むことが大切です。

＊アフタートーク：お互いからみた印象

（松田）田口さんとは、丸の内プラチナ大学を5年前から一緒に立ち上げ、苦楽を共にしてきた戦友のような存在。お互いに「三菱地所らしくない社員」、「三菱総研らしくない社員」というシンパシーと「イノベーションを起こすのは異端」という共通の信念があります。

（田口）松田さんは、意外ですが（笑）とても粘り強くて、一人でもやりきるところがすごいです。共催する市民大学の丸の内プラチナ大学の講師も務めていますが、人を役職や過去の実績で判断せず、先生然としたところのない、人間らしいところが魅力です。

7 共に考え、共に動く「シャレン！」で地域活性へ

――逆参勤交代で叶える55通りの人材確保

米田 恵美（公益社団法人日本プロサッカーリーグ〈Jリーグ〉前理事）

profile｜よねだ・えみ　1984年、東京生まれ。慶應義塾大学在学中、公認会計士の資格を取得。監査法人で勤務した後、2013年に独立。組織改革や人材育成コンサルティング会社副社長を経て、2017年にJリーグの社外フェローとして業務支援に携わり、2018年3月より理事に就任。社会連携、組織改革、ブランディングなどを担う。

発足から26年目を迎えるJリーグ。全国に55のクラブがあり、地域密着を掲げてホームタウン活動を続けてきた。２０１８年に理事となった米田恵美氏が中心となり、地域の行政や企業、住民らと協働する「シャレン！」の取り組みがスタートした。その課題と、逆参勤交代との連動について聞いた。

全員が、考えて動く「当事者」に

――Jリーグ変革の一歩ともいえる「シャレン！」への思いと、その取り組みについてお聞かせください。

Jリーグは現在55のクラブがあり（2020シーズンからは56に増加）、それぞれ地域に密着した活動を行っています。クラブは自治体との関係性も強く、地元企業やサポーターなどとリアルなコミュニティを形成しています。そのような社会関係資本はもちろん、スポーツがもつ発信力やノウハウもクラブの資源・強みと言えます。人口減少時代に突入する中で持続可能なよりよい地域を創っていくためには、これらの資源を生かしてもっと多くの人を巻き込み、本質的な地域の課題解決につながり、かつ、資金面も含めた持続可能な質の高い活動を増やしていきたいと考えました。

地域共通の課題解決や夢を実現するための企画を、地域の人と一緒に考え、実行していくのが「シャレン！」ですが、一部の限られた人、資金力のある人だけの活動にしたくないという想いがありました。スポーツは、誰もが関わることができ、多くの人を魅了します。その魅力をフル活用し、より多くの人が当事者として関わってくれたらという願いを込めて「Jリーグをつかおう！」と呼びかけることにしました。そこには、「一緒に未来を作りましょう」というメッセージが込められています。

では、一体どんなことをするのか。web上でアイデアを募集したところ1カ月弱でも、30以上のアイデアが提案されました。さまざまな角度から検討した上で、8月に開催した「第1回シャレン！キャンプ」には6つのアイデアの提案者をお呼びし、クラブや企業とのマッチングをしました。すでに企画の実現に向けて動き出しています。

Jリーグ連携型CCRC

――日本が急速に高齢化社会へと向かう中、JリーグをCCRC（本書55ページ参照）に使うという構想も始まっているようです。

はい。すでに「レノファ山口」がJリーグ社会連携型CCRC構想を進めようと動いています。これからは、高齢者は保護・介護されるだけの存在ではなく、可能な限り自ら選択して人生を楽しんでいく人が増えてくると思います。CCRCが目指す「生涯活躍のまち」をつくるためには、都市部から地方に移住した高齢者の方々が、生きがいを持って健康に暮らせるコミュニティがあり、地域の活動に参画し、誰もが「役に立っている」と実

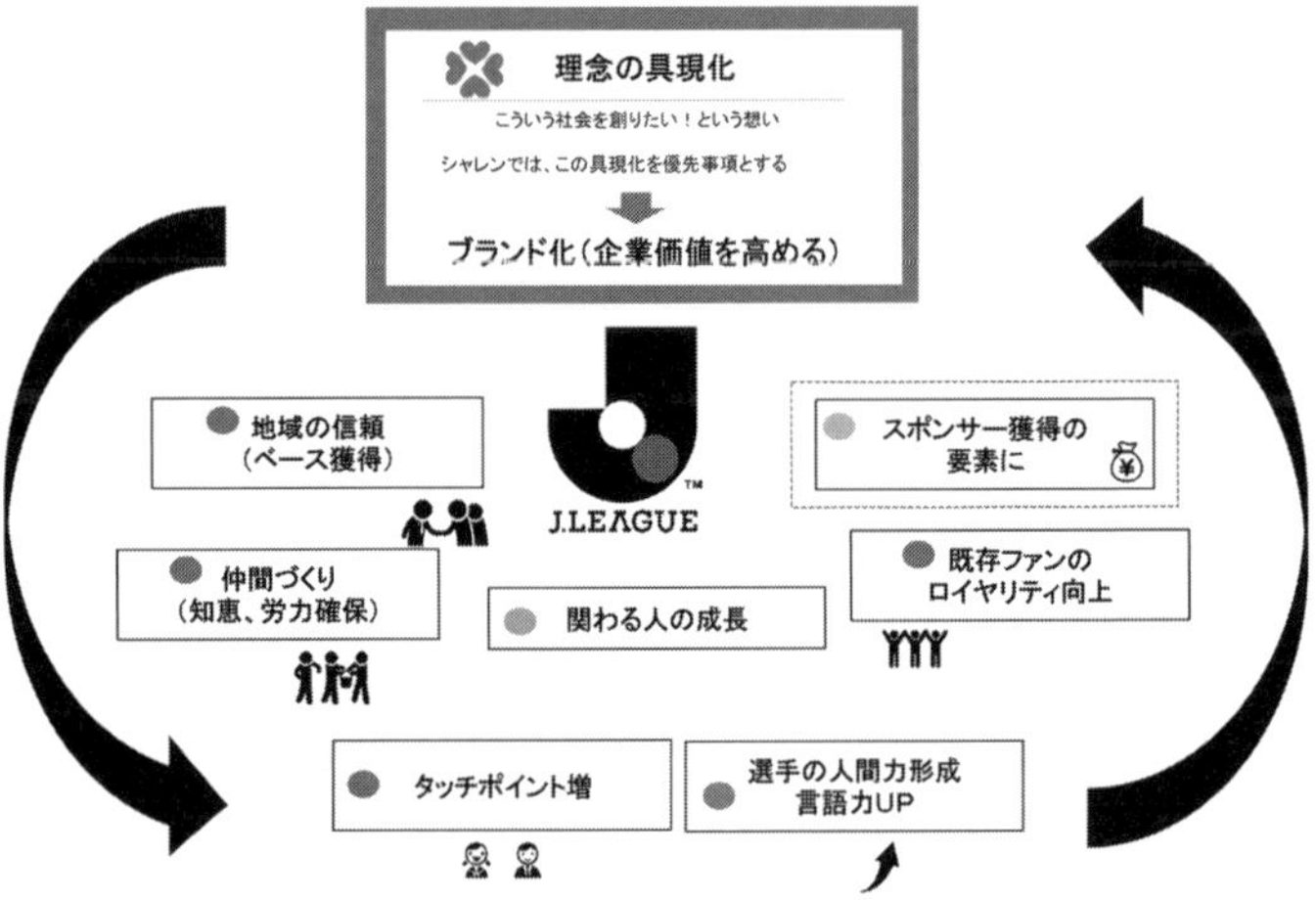

シャレン！の波及効果　© JAPAN PROFESSIONAL FOOTBALL LEAGUE

感できる場をつくることが大切です。

クラブでは、高齢者のみなさんが活躍できる場やシーンを生み出せると思っています。たとえ認知症であっても、スタジアム内の何かしらのお役目を担っていただいたりしたらいいのでは？　とすら思っています。関わる人がそれを理解し、たとえうまくいかなかったとしても「それはそれで、いっか」と笑い合えるような共生を育むことが実現できたら嬉しいです。

多世代の人が同じ目的に向かって気持ちを合わせ、地域への愛着を育むことができるのが、地域スポーツの良さです。スポーツには多面性があり、色々な関わり方ができると思います。私たちが関わり方のメニューをどれだけ提示できるか、そこが経営上の重要なポイントだと思っています。

クラブが仕掛ける社会連携の課題

――全国各地、それぞれのクラブが「シャレン！」に取り組むには、さまざまな課題があると思われます。

一番の課題は、クラブ、行政、企業、地域住民の間を調整できる人材が少ないことです。協働するには、お互いに利害を理解して進めないといけないわけですが、言語が異なり、コミュニケーションがうまくできません。

例えば、「サッカーを応援してください」「こんな活動で地域貢献しています」が先行すると、行政は「これ以上スポーツ振興にお金を出すのは難しい…」となることもあります。クラブが「地域のお困り事は何ですか？　僕らのアセットをうまく組み合わせたら一緒に解決できそうですね」「スポーツの強みはこういう分野に活きますよ」と言えれば相手の判断軸が変わります。

それぞれの言い分を噛み砕いて、理解できるように伝える「翻訳家」が必要です。ヨソモノと地域住民、官と民など、利害が異なることに起因する行き違いもあるので、官・民・社会の3つの垣根をつなぐトライセクター人材と呼ばれるような人がいることがベストです。また、3者以上の連携において、Aさんがハッピーになることをつくり、協働者であるBさん・Cさん・クラブも益を持ち帰るのが「シャレン！」です。その組立てがまずいと「営業につながらないのならやらない」という企業が出てきます。「商品の売上に直接的に寄与はしないが、キーパーソンとのネットワークが広がる」「従業員教育になる」と言える人がいるかいないかで、企画が実現するかしないか変わってきます。全体を構成・構想し、プロジェクトマネジメントできる人材が必要です。

Jリーグがつなぐ逆参勤交代

――確かに、どんなに豊かな地域でも、地場の資源だけでは解決できないこともあります。都市部のスキルある人材に地方で活躍してもらう、逆参勤交代に期待が高まります。

Jリーグは、ホーム&アウェイの試合開催方式で交流人口を作りやすい強みがあります。クラブ自体が、地域でのリアルコミュニティのハブになっているので、リーグが拠点を作ると、人材がそこと地域とを行き来する構図を作れるのではと考えました。

現在、Ｊリーグでは「丸の内ラボ構想」が進行中です。これは丸の内につくるラボが、東京で働くビジネスパーソンとクラブのハブとなって、東京から地方への移住、地方企業への転職、シニア層のＣＣＲＣなどをつなごうというものです。クラブに関わることを通じて、地域に入っていく。プロボノ・フィールドワークとしてクラブのボランティアや「シャレン！」に従事していただくこともできます。クラブの周辺には地域の人、企業がたくさんいますので、地縁ができることで、ビジネスとして副業・兼業を行いながら独立・就職を目指し、移住するというモデルも描くことができます。

55のクラブは、抱えている課題が異なり、それぞれ求めている人材も異なります。逆参勤交代で、地域やクラブに合った人がマッチングできればと期待しています。

こういった個とクラブのマッチングだけではなく、企業とクラブのマッチングを通じて、大企業に所属したまま地域のクラブにトレーニングをしに行く、選手の「期限付き移籍」のビジネスパーソン版のような出向モデルも逆参勤交代の1つの形かもしれません。

Ｊリーグ内でも、クラブからリーグに出向する「参勤交代」、リーグからクラブに出向する「逆参勤交代」を増やして、お互いの理解を増やしていきたいです。クラブはやはり日々の試合運営やクラブ経営、チームの勝敗に重きを置いていることが多いですが、リーグでは中長期を見据えた制度設計などに時間を使うことが多いです。ホームだけではなく、アウェイでの景色を見ることも大切です。アウェイの経験は人を成長させますので!!

＊アフタートーク：お互いからみた印象

（松田）米田さんは、公認会計士から全く世界の違うJリーグに飛び込み、全国のクラブに社会連携を啓蒙する宣教師のような存在。多分、苦労もたくさんあると思いますが、それをエネルギーに変えられる方で、一緒に頑張りたいという気にさせるオーラを発しています。だから米田さんには多くのサポーターが集まるのだと思います。

（米田）一般的に●●総研の方と言うと、難しい言葉が多く、机に向かっているイメージがあったのですが、松田さんは良い意味で構想をビジュアルやフレーズで表現し、すぐに現地に赴いて誰かと共に語り合うようなフットワークの良さがあり、人と協働するのが得意な方という印象です。

8 誰がやるのか？ コミュニティの担い手

――新たな「生涯活躍のまち」と逆参勤交代

中野 孝浩（内閣官房 まち・ひと・しごと創生本部事務局 内閣参事官）

profile | なかの・たかひろ 大阪府出身。1995年、厚生省（当時）に採用される。これまで、主に地域福祉や医療・介護分野を担当。北海道庁に出向し障害福祉に携わり、本省に戻った後に官民交流制度を利用し損保会社に出向。2018年より現職に就き、新型「生涯活躍のまち」、少子化地域アプローチ、新規就業支援プラットフォームなどの仕組みづくりなどに携わる。

人口減少、超高齢化の課題に取り組むべく、活力ある日本社会を目指して進められている政策「まち・ひと・しごと創生」。誰もが活躍するコミュニティの実現に向け、「生涯活躍のまち（日本版CCRC）」を推進する中野孝浩参事官に、生涯活躍のまちと関係人口創出、逆参勤交代との親和性を聞いた。

新たな全世代・全員活躍型「生涯活躍のまち」で地域活性

――2015年度から始まった「生涯活躍のまち」構想は、第1期（5カ年）が終わろうとしています。

第1期は、都市部の中高年者の移住を推進するための施策として多くの自治体に受け入れられ、浸透してきました。しかし第2期目の総合戦略を検討するなかで、移住の要素はもちろん必要ですが、「誰もが活躍するコミュニティづくり」の重要性や、移住者だけでなく、もともと住んでいる地域の方々のためのものであるべきといった指摘が有識者や自治体からなされました。第2期の「まち・ひと・しごと創生総合戦略」では、人の流れ、しごと・まちづくりなど4つの柱全体を横断的に取組む施策類型が位置付けられましたが、「生涯活躍のまち」は、こうした横断施策の1つ、「誰もが活躍するコミュニティづくり」を推進する施策となり、中高年だけでなく全世代を対象とし、関係人口づくりを推進するなどの視点も取り込むなどの見直しが図られることになりました。

あるセミナーで、「生涯活躍のまちと人の循環」というテーマで話をした際、若者の参加が非常に多かったことがあります。なぜこんなに集まったのかを調べてみると、「生涯活躍のまち」づくりに関連し、「そこに行って地域課題を解決する」という点に注目して人が集まったようでした。若い人たちを中心に、ローカルイノベーションに関心が高い方は多いようで、地域の課題に向き合って、自分の力を試したいという強い思いを持っているようです。

こうした中、「生涯活躍のまち」の次のステージに向けた研究事業では、東京の企業の方が生涯活躍のまちに一定期間滞在し、リモートワークで仕事をするだけでなく、地域課題の解決に貢献してもらおうというテーマに取り組んでいます。コミュニティに新たな人の流れを作る人材循環は、まさに逆参勤交代と合致するところだと思います。

アイディアから事業へ

――「生涯活躍のまち」にまつわる施策を推進するなかで、ひと、つまり担い手の課題についてお聞かせください。

地域課題の解決に向き合う際、いい案を出す人はたくさんいますが、「それを誰が実施するか」が課題です。「いい構想だね」で終わってしまうことも多いのではないでしょうか。そうした構想を、具体的な事業計画に落とし込むことが重要で、その時に「誰が」という主語を念頭に置いた議論が必要です。よく「まちと連携してやる」と聞きますが、まちの誰と連携して、どことどこの企業が、どこから資金調達をしてくるのか、そこも含めて具体的な「主語」が入った提案をしていただければ、実現に向けて大きく前進します。

「生涯活躍のまち」を推進する北海道上士幌町の逆参勤交代フィールドワークに参加した際、トライアル逆参勤交代の参加者の方々に「廃校を活用して何かできないか」というお題で考えていただきました。町の関係者は、具体的に「ウチの会社でやりたい」「私がこれをやりたい」とおっしゃった大手旅行代理店、オフィス機器メーカー、交通事業者などの提案に注目していました。

「こういう企画をやったらいいじゃないですか」といった評論家的なスタンスでなく、それを超えて「この人、この企業を連れてきてやります」となると、実現性の高い事業計画として動き出します。自分事として「私が何をやるか」を明確にしていく必要があります。

さらに、それを担いたい人を外から入れて、地元の人と一緒になってやっていくのが、これからの「生涯活躍のまち」構想で求められると思います。地元のニーズに応えるものを、地元の関係者と移住者や交流者と一緒になって、それぞれの能力や経験を活かして地域課題を解決するというところが、「誰もが活躍できるコミュニティづくり」の重要なポイントです。

――官民連携でのコミュニティづくりには、さまざまな課題があるように思われます。

確かにそうですね。単に、官が民に委託するというレベルではなく、それぞれが何をするかです。官は補助金を出すだけでなく、「地域をよくするために居場所と役割のあるコミュニティづくりを推進する」という目的や理念を民と共有し、自分事として住民や関係者と一緒に悩み、ともに考え、行動することが重要です。必要なのは、丸投げとまったく反対の行動です。

官と民は、別々の価値観で動いているところがあって、民間は慈善事業ではないので事業継続に必要な収益を上げないといけない。一方、役所は公平性や平等性を重んじ、理由なく特定の民間企業と組むことは慎まなければならないのが通常です。役所は法令やルールで縛られていて、民間はそれを冷淡と見る向きもあります。そうした中でどう官民がうまく組むか、どう摺り合わせてウィン・ウィンのパートナーシップ関係を築くか。公平性・平等性と独自性を両立させながら、官と民のリソースやノウハウをエッジのきいた構想に集中投下できるかどうかがポイントです。

例えば、スーパーマーケットが人口の少ない地域に出店する場合、集客が困難です。そこで役所と組んでスーパーマーケットと合築で多世代交流スペースをつくり、役所はその多世代交流スペースを活用して健康づくりに資するようなコミュニティ活動のイベントを行うとします。役所側は、スーパーマーケットが「箱もの」の整備費を負担してくれるので助かる上、スーパーマーケット側は、役所の行うイベントの結果、スーパーマーケットの集客につながり、経営とも両立する。地域コミュニティもコミュニティ活動の振興や街の賑わいにつながる。つまり、市町村と事業者、公共の「三方よし」が目指せます。さらに、住宅メーカーや金融機関も関連する投資の余地もあり、事業を安定的に継続できるようなモデルづくりにつながります。

これは、ある「生涯活躍のまち」のケースを基にした例ですが、このようなモデルをつくるには、官がどう貢献できるかが鍵となります。空き地、空き家や廃校、公園などの既存ストックを「地域資源」として活用し、課題解決に役立てること、機動的に、許認可などの制度を運用することなども必要です。官民の知恵をうまくつなげて、従前とは違う、よりディープな官民協働の形をつくっていくことが期待されます。さらに、これからは、一部のスーパーマン事業主がフルセットですべて担うのではなく、スーパーマン事業主が実施している役割を因数分解して、複数の「普通の」法人で役割分担しながら事業を担う形にしなければ、普遍性のある成功モデルは広がらないのではと思います。

また、民間サイドのニーズが強い補助金については一時的な費用に使うべきもので、継続的な事業経営をするためには民間資金を使わなくてはなりません。短期的な資金回収は期待できず、「地元と心中するんだ」というぐらいの気概を持った地域の金融機関に貢献していただくことも重要です。地域の金融機関は、事業計画を作成できる目利き力をお持ちです。クラウドファンディング、公的福祉事業の組み合わせ、企業版を含むふるさと納税の活用など、あらゆる資金調達手法を視野に、その能力とアイディアをうまく組み合わせていくことがまちづくりの成功の重要なポイントかもしれません。

都市と地方の人材循環

――今後の「生涯活躍のまち」と、逆参勤交代の親和性についてお聞かせください。

「関係人口」の推進では、二地域居住、ワーケーション、農村体験事業、高校留学などいろいろなメニューがあり、企業と連携しての逆参勤交代も「関係人口」づくりの一つでしょう。2019年12月に閣議決定した第2期「まち・ひと・しごと創生総合戦略」で、

「生涯活躍のまち」にも、「関係人口の視点を踏まえた『都市部との人材循環を通じたコミュニティへの人の流れづくり』」という内容が盛り込まれました。

深いつながりのある関係人口をつくっていくためには、まち全体を魅力あるエリアにしなくてはなりません。移住者も、地元の人も、老いも若きもみんなが「つながり」を持ち、居場所と役割がある魅力あるコミュニティを作るためには、ハードはもちろんですが、むしろソフトが必要です。人と人とがつながりを持って、居場所と役割をもつ地域をつくる、文化や空間デザイン面でも工夫をした、エリアとしての魅力があるまちに、人が引き寄せられるのだと思います。

人口減少に向かうなか、人材というパイを取り合うのではなく、逆参勤交代のように地方と都市で人材を循環し、共有していくという考え方もありうると思います。

生涯活躍のまちは、企業人以外にも女性活躍や少子化対策とも親和性があります。私は少子化対策も担当していますが、実際に生涯活躍のまちでうまくいっているところは、出生率が高いことも多いです。コミュニティがしっかりしていて暮らしに安心感があると「ここで子どもを産んでも大丈夫」という判断につながるようです。岡山県の奈義町、鹿児島県伊仙町ともに、生涯活躍のまちの先進地ですが、双方とも、かなり高い合計特殊出生率です。まさに、地域の活性化につながっているといえるでしょう。

＊アフタートーク：お互いからみた印象

（松田）今まで色々なタイプの官僚の方々を見てきましたが、中野さんの行動力と実行力はずば抜けています。中央官庁の官僚は原則2年で異動してしまいますが、中野さんはずっと地方創生担当として残って欲しいです。

（中野）とてもエネルギッシュ！　広い人脈をお持ちで、人を巻き込む力が強く、現場主義。私も松田さんを見習って、現場重視で現地に足を運ぶように努めています。

第3章

やってみた！
トライアル
逆参勤交代

——全国6市町村から見える未来

構想から実装へ。まずはスモールスタートから実行すべきとして、北海道から九州まで全国6市町村で「トライアル逆参勤交代」を実施した。その結果から、未来への道筋が見えてくる。

構想から実装へ。逆参勤交代を単なる構想や提言だけでなく、まずスモールスタートから実行し、そこで得られた知見や課題を次に活かすことが大切である。

三菱総合研究所とエコッツェリア協会で共催する市民大学の「丸の内プラチナ大学」において「逆参勤交代コース」を設置し、東京で逆参勤交代構想を学ぶと共に、フィールドワークとして週末を利用した2~4日の実証実験「トライアル逆参勤交代」を実施した。

2018年には、岩手県八幡平市、茨城県笠間市、熊本県南阿蘇村、2019年には北海道上士幌町、埼玉県秩父市、長崎県壱岐市で実施し、それぞれの地域で約10数名、20~60代の男女のビジネスパーソンが参加した。

地域の魅力や課題の発見、地元の方や移住者との交流、リモートワークの体験を経て、最終日には市長や町長向けに地域活性化のプレゼンを行った。以下、本章では北から南へ順に、その様子を伝えたい。

トライアル逆参勤交代の実施市町村

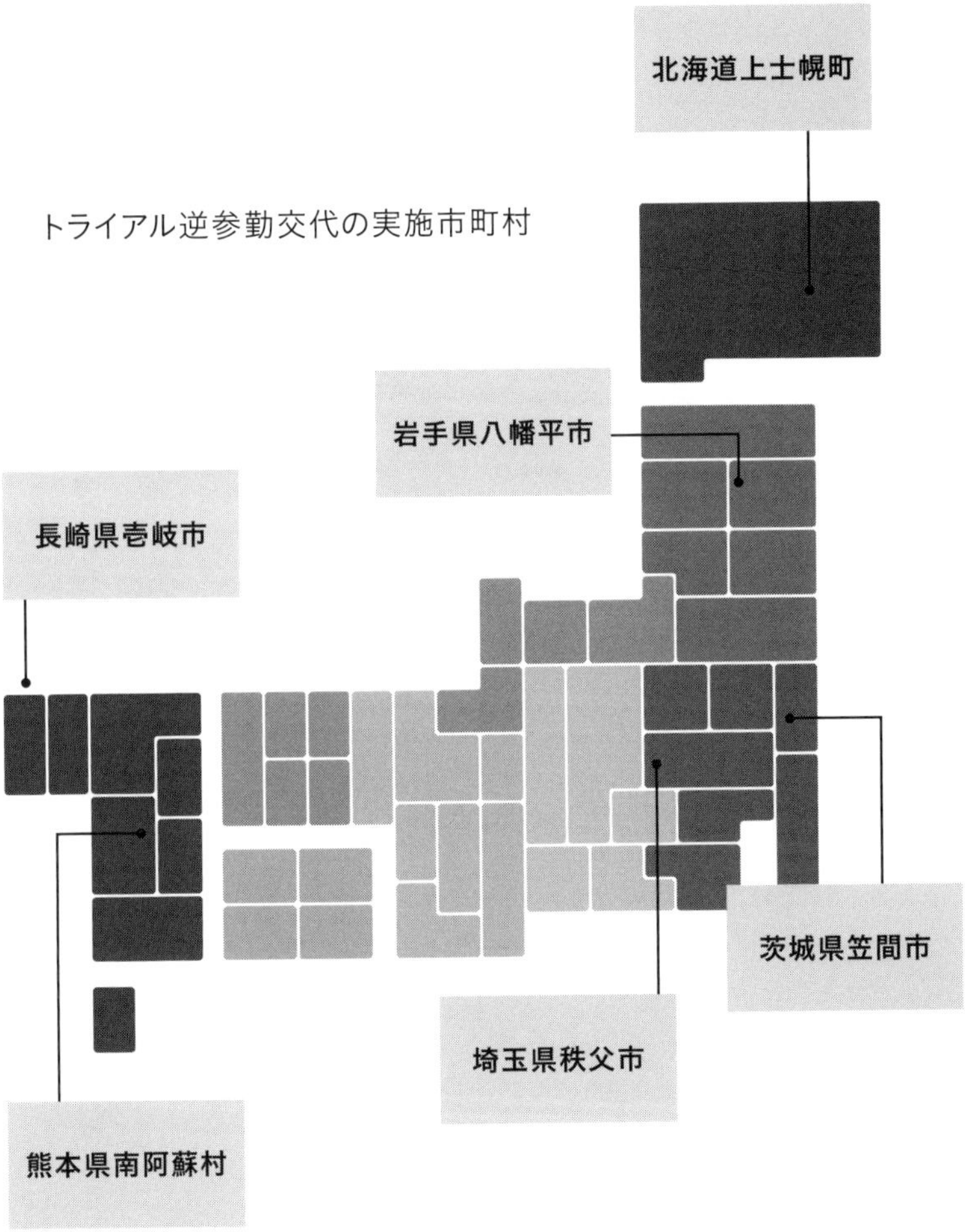

1 「北の大地」でリフレッシュと課題解決を——北海道上士幌町

2019年7月26日（金）～28日（日）開催

牧場に集った受講生たち　（写真）丸の内プラチナ大学

Schedule

第1日
オリエンテーション⇒移住体験住宅・バイオガスプラント視察⇒ Piccolo（Uターン者経営のイタリア料理　昼食）⇒移住者との意見交換⇒地域課題の整理・明確化

第2日
廃校跡地・利活用状況の視察⇒「畜産バイオマスを核とした資源循環エネルギー地産地消のまちづくり構想」「シェアハウスオフィスの活用」プレゼンテーション⇒五武庵（Iターン者経営の蕎麦屋　昼食）⇒「生涯活躍かみしほろ塾 2019」聴講⇒ナイタイ高原牧場・ロータリーパーラー視察⇒課題解決プラン討議

第3日
リフレッシュ・フィールドワーク（旧国鉄士幌線路跡・タウシュベツ川橋梁・ひがし大雪自然館・上士幌ゴルフ場（昼食）・ドリームドルチェ・十勝養蜂園ショップ）⇒課題解決プランまとめ⇒町長への課題解決プラン発表

北海道上士幌町は、十勝地方の最北部に位置する大自然に恵まれた町。東京23区の総面積よりも広い700㎢の広大な大地には、日本一広い公共牧場「ナイタイ高原牧場」や「旧国鉄士幌線コンクリートアーチ橋梁群」などの観光資源が多くある。今回は、その魅力を存分に体感しながら、地方創生の課題に取り組むとともに、新たな働き方を模索する「大自然リフレッシュ型」逆参勤交代を実施。上士幌町について特筆すべきは、20億円を超える道内一の「ふるさと納税」を集め、人口増加に転じた〝奇跡のまち〟であること。

上士幌町では、地方創生を加速するべく多彩な取り組みが推進されている。具体的には、日本で初めて保育料を完全無料化した「上士幌町認定こども園ほろん」をはじめとするふるさと納税の寄付金を活用したさまざまな取り組みや、関係人口の創出につながる「お試し暮らし」や「上士幌シェアオフィス構想」。あるいは、食料自給率2000%、電力自給率100%を達成しながら、今ある生物由来資源をさらに活用した「バイオマス発電」の取り組み、さらには、超高速通信5Gの到来を見据えたインフラ整備などなどがある。そこから見えてきた到達点と課題とは何なのか――受講生たちは、まちの魅力を五感で体験しながら、受講生自身を主語として、「私」がこのまちに対してできることを探っていった。

畜産業を基礎とした豊富な自然資源

初日から2日間に亘って行われたフィールドワークでは、移住体験住宅を皮切りに、バイオガスプラント、廃校跡地・利活用状況、メガファームのロータリーパーラー、ナイタイ高原牧場を視察。上士幌町の「今」を知り、魅力と課題を発見するための有意義な時間となった。

移住体験住宅は、いずれも緑に囲まれた閑静な立地にあり、冷蔵庫、洗濯機など、生活に必要なものはすべて揃っており、受講生はここで暮らしながらリモートワークと地域貢献を行う逆参勤交代のイメージを膨らませた。

バイオガスプラントは、畜産業から日々産出される糞尿を主体としたバイオガスを活用したバイオマス発電を行う施設。現在稼働中の4機に加え、2機を増やす予定。既存のプラントの受入能力・発電能力を向上させ、通年安定的に稼働させるための整備工事は、年内に完成予定。今後は、電力小売業を強化しながら、「電気の見える化」によるホームエネルギーマネジメントシステムの開発や余剰バイオガスを活用したガスパイプライン敷設による廃熱利用事業などを推進していく。

メガファームのロータリーパーラー　（写真）丸の内プラチナ大学

廃校跡地・利活用の視察では、旧東居辺小学校の教室を改装した鉄板焼レストラン、旧北居小学校跡地に設立された製菓工場を視察し、２０１６年３月に閉校してまだ利活用を模索中の旧北門小学校跡地を訪問。町内の廃校跡地は、校舎、体育館、グラウンドなど土地内の施設すべてを含めて、一律月10万円の賃料で借りることができる。

国内では数少ないアメリカ製の搾乳機「ロータリーパーラー」による搾乳を行う株式会社サンクローバーでは、実際にその様子を見学した。１回の搾乳につき、ロータリーパーラーの回転台に乗ることができるのは、約50頭の搾乳牛。順番が来ると、回転台の仕切り枠に自ら入り、搾乳が終わると牛舎へと戻っていく。一連の作業を理解し、次々と仕事をこなしていく搾乳牛たちの姿を見て、受講生たちからは驚きの声が上がった。

「ナイタイ高原牧場」では、2000頭の乳牛を放牧しており、2019年6月に頂上付近にオープンした「ナイタイテラス」からは、十勝平野に広がる美しい風景を一望できる。

現在、この付近では、内閣府の地方創生拠点整備交付金で採択された「上士幌シェアオフィス構想」の整備が、2020年の開設に向けて進められている。「テレワークやワーケーションの拠点として、今後、逆参勤交代でも活用していただきたい。東京のシェアオフィスにはない、広大な牧場を見渡せる雄大な景観は大事にしたい。シェアオフィスを通じて、上士幌町の魅力を最大限アピールしていきたい」と上士幌町役場・企画財政課主幹の梶達氏。このほか、地方創生をテーマに2018年度からスタートした「生涯活躍かみしほろ塾2019」の聴講などを通して、上士幌町への知見を深めていった。

移住者を交えたユニークな構想案を討論

移住者との意見交換では、3年前に東京から移住したデザイナーの夫妻、認定子ども園で子どもたちに英語を教えるアメリカ人女性教師、Uターンした北海道出身の健康運動指

移住者との討論の模様　（写真）丸の内プラチナ大学

導士の3名を迎え、活発なディスカッションが行われた。「都市部から移住する上で、仕事や給与面での抵抗はなかったか」「生活費は、移住前後でどう変わったか」など、受講生からは率直な質問が次々と投げかけられた。

最終日のリフレッシュ・フィールドワークでは、旧国鉄士幌線路跡・タウシュベツ川橋梁などを散策し、上士幌町の大自然を満喫。その後に行われた竹中貢町長への課題解決プランの発表では、「上士幌廃校へルスツーリズムプロジェクト」「泊まって応援!!青春若がえりプロジェクト」「ナイタイ高原牧場ムーンライトウォーキング」など、ビジネスパーソンならではの専門性で、今あるまちの資源を活かしたユニークな案が打ち出された。

「ひとつでも実行に移すべく、しっかりと検討させていただきたい。逆参勤交代が政策として実現すれば、日本のあり方や人の移動を大きく変えることになるだろう。来年度以降に向けて、皆さん方の提案を含めながら、ふるさと納税と関係人口への取り組み、ならびに都市圏の企業との濃密な関係を築いていくべく、企業版ふるさと納税にも力を入れていきたい」と竹中町長は総括を述べた。受講生からは、「このまちが持つ素晴らしい資源と、そこに関わる人たちの想いや熱量が掛け合わされることによって、地方創生が促進されているように感じた。共感の大切さを再確認した」「関係人口になるということは、情報の集積だけでなく、体感しないと分からないことがある。竹中町長がおっしゃるところの『応援人口』（＝関係人口）として、また上士幌町に来たい」などの声が挙がった。

地方創生にひたむきに取り組む上士幌町の人々の姿を目の当たりにした受講生たち。今後、このまちとどのように関わっていくのか。逆参勤交代が社会にどう広がっていくのか。これからの動向に大きな期待が高まるトライアル逆参勤交代となった。

2 岩手県No.1の観光地で「リフレッシュ」——岩手県八幡平市

2018年7月26日（木）〜29日（日）開催

宿泊地のオークフィールド八幡平での受講生たち

（写真）丸の内プラチナ大学

Schedule

- **第1日**
  盛岡駅⇒松ちゃん市場⇒地元キーパーソンとの意見交換：オークフィールド八幡平⇒安比高原 ロッキーイン
- **第2日**
  リモートワーク体験⇒バジルハウス⇒焼走り熔岩流⇒サラダファーム⇒国立公園八幡平⇒課題解決フィールドワーク（ジオファーム八幡平）⇒バーベキュー
- **第3日**
  オークフィールド八幡平でビジネスプラン検討⇒丸の内プラチナ大学八幡平分校（第1部：受講生のビジネスプラン発表、第2部：受講生と地元市民との意見交換ワークショップ）
- **第4日**
  松川温泉松川荘⇒産直の朝採り野菜でつくるサンドイッチ⇒安代地区をめぐる不動の滝＆試食の旅⇒4日間の振り返り（オークフィールド八幡平）⇒澤口酒店⇒JR盛岡駅にて解散

岩手県№1の観光地は「リフレッシュ型」の逆参勤交代地

２００５年に西根町、安代町、松尾村の３町村が合併して誕生した岩手県八幡平市。県のシンボルで日本百名山にも選ばれている岩手山、日本有数のオールシーズンリゾート地・安比高原スキー場、自然に囲まれた温泉や、市の名前の由来にもなった十和田八幡平国立公園などの観光スポットを有し、２０１７年には県内１位のインバウンド観光客数を記録した地域だ。雄大な自然や豊富な観光資源を持つ八幡平への逆参勤交代は、社員のモチベーションアップやメンタルヘルス改善等に効果的な「リフレッシュ型」と言える。

一方で八幡平は、少子高齢化や若者の都市部への流出など、多くの地方都市が抱える課題を網羅している。さらに、県内№１と言える観光地ながらも、「はちまんたい」ではなく「はちまんたいら」と読まれてしまうことも多く、シティセールスやプロモーションは今後一層必要である。２０１８年のトライアル逆参勤交代では、こうした点を踏まえてフィールドワークや課題解決プランの考案が進められていった。

岩手県のシンボル・岩手山を望む受講生たち　（写真）丸の内プラチナ大学

魅力発信への焦りが招く「イベント疲れ」

各種課題に対して、八幡平の人々も手をこまねいているわけではない。例えば商工会は、市のご当地ヒーローを作ったり、全国のご当地ヒーローが集まるイベントを開催して多くの人を集客し、情報発信を行っていった。だがこうしたイベントは、掛かる負担の割には継続的なメリットを地域に与えづらく、次第に「イベント疲れ」を蔓延させていった。その状況から脱するために、単なるお祭り的なイベントではなく、地域に好影響を与えることを優先する方針に転換していったという。その企画の中心人物のひとり、遠藤忠寿氏（八幡平市商工会青年部部長［当時］）はこう言う。

「2019年からは子どもたちが八幡平の産業や職業を知り、体験できる『Little Bee of Hachimantai』というイベントを行うことにした。地域の産業を知ってもらうことで子どもたちに学びと気づきを与え、八幡平でも働き、暮らしていけることをアピールし、人材の域外流出防止につなげたい」


八幡平の場合、地域の人々自身の考えで町おこしの方向転換を実現できたが、ときには客観的な視点が必要となる。そこにこそ逆参勤交代で地方を訪れる人々が貢献できる余地があるとも言えるだろう。実際、受講生たちと触れ合った地元住民は「外部の人たちとのコミュニケーションを通じて、これまで気づかなかった八幡平の良さや新たな課題が見えた」と口にしていることが印象的であった。

受け入れ側の継続意識と、組織的なサポートの必要性

他方、行政の立場の人々は逆参勤交代についてどのような考えを持っているのか。八幡平市の岡田久副市長は、「関係人口増加」に大きな期待を寄せる。

「まず重要なのは、一度来てもらい、八幡平を好きになってもらうこと。究極は人口増加

が目標であるが、それだけではなく、今いる人々をどうやって元気にするかも大切だと考えている。逆参勤交代をきっかけに関係人口を増やせれば地域に良い刺激を与え、市民の方々を元気にできるのではないかと思う」

地方と関わりを持つ上で大切なのは、「続ける・広める・深める」の3つだが、これは都市部側だけではなく、受け入れ側である地域にも意識してもらいたいものである。だが、特に行政担当者は定期的に異動が起こるため、前任の担当者が熱意を持っていても、担当交代がなされると途端にそれまでの取り組みが霧散してしまうケースもある。八幡平の場合も逆参勤交代に関する動きの中心人物である関貴之氏（岩手県八幡平市企画財政課 地域戦略係長）は、当時部署在籍3年目。いつ異動になってもおかしくない状況であった。だが関氏の場合、次のように先回りした対策を施している。

「今後、私の異動がどうなるかは分からないが、後進もいるので市として逆参勤交代の取り組みは継続していきたい。さらに個人的な考えだが、市役所内に関係人口を増加させるためのプロジェクトチームを立ち上げ、そこに自分が入ることも検討していく。そうすれば自分自身、この取り組みを継続していけるはずだ」

逆参勤交代構想の実現には、都市部側も、地域側も、個人の努力だけではなく、それを

岩手県八幡平市企画財政課 地域戦略係長の関貴之氏　（写真）丸の内プラチナ大学

サポートする組織的な動きも必須であると言えるだろう。

リフレッシュ型逆参勤交代普及の鍵は「価値の明確化」

八幡平への逆参勤交代に参加した受講生たちの多くは、逆参勤交代をしながら仕事をすることは十分可能だと話した。例えば金融機関勤務者はこう語る。「これまで東京以外で生活する機会も多かったが、地方に来てみるといかに東京の生活が貧しいものかを再認識した。今回、短い時間ながらもリモートワークをしてみたが、快適で大きな問題点もなかったので、今後自社が逆参勤交代を採用したら手を挙げたい」

一方、逆参勤交代を実現する上での懸念点を口にしたのは、大手総合商社のグループ企業に勤務する女性だ。「八幡平はとてもいい場所で、私自身ここを第二のふるさとのように感じることができたし、リモートワークをする上での環境も良い。ただ、実際に逆参勤交代を導入した場合、地方に行っている人の代わりに別の誰かに負担が掛かる懸念があるし、複数の地域で活動するメリットを理解する上層部がいないと制度化は難しいかもしれないと感じている」

実際に八幡平と東京の二地域居住をしている建築家も「八幡平はアクティビティ的な魅力が多い。それは地域として大きな利点だが、業務のことを考えると必ずしも効率化を促進するものではない」と言う。だからこそ、「業務面だけではない、プラスアルファで社員を評価する基準を生み出すことが必要」と指摘した。

この言葉が象徴するように、特にリフレッシュ型の逆参勤交代は数字だけでは表せない効果があるものの、それだけでは企業も実施には踏み切りづらい。だからこそ、目には見えない価値を明確化していくことが、逆参勤交代普及の鍵になるだろう。

3 自然と文化・芸術が共存する関東近郊の地——茨城県笠間市

2018年8月23日（木）～26日（日）開催

地元高校生と交流をした受講生　　（写真）丸の内プラチナ大学

Schedule

第1日
笠間クラインガルテン⇒オリエンテーション⇒栗圃場・農業生産法人 有限会社ナガタフーズ・農業生産法人株式会社ヴァレンチア視察⇒筑波海軍航空隊記念館

第2日
磯蔵酒造⇒石切山脈⇒セーフティショップおおしま⇒笠間稲荷神社⇒森の石窯パン屋さん⇒笠間工芸の丘

第3日
振り返り・課題解決プラン発表に向けた準備⇒リフレッシュ・フィールドワーク⇒地域交流センターともべ「To-moa」（地元高校生との交流会）

第4日
笠間市役所（課題解決プランまとめ・プレゼンテーション準備～プレゼンテーション）⇒笠間工芸の丘（ロクロ体験）

自然と文化・芸術が共存する関東近郊の地・笠間

東京からJR常磐線でわずか1時間というアクセスの良さに恵まれ、豊かな自然と独自の文化・芸術が共存するまち、茨城県笠間市では「近郊型」逆参勤交代が実施された。農業、石材業、陶芸業などの伝統産業や観光資源が豊富で、200軒以上の窯元や陶芸家が一堂に集まり、約50万人の来場者でにぎわう陶器の祭典「笠間の陶炎祭」、〝日本のオルセー〟と称される「笠間日動美術館」、絶景スポットとして話題を集めている「石切山脈」など、見どころが満載である。百田尚樹氏のベストセラー小説「永遠の0《ゼロ》」の映画化にあたって、ロケ地として使われた「筑波海軍航空隊記念館」を訪れる人も多い。人口は減少傾向にあるが、年間352万人の観光客が訪れ、まちに賑わいが生まれ、陶芸家を目指す若者など、笠間に想いを持つ移住者も少なくない。観光の中核を担う笠間稲荷周辺は、かつて花街として栄えた風雅な趣のあるエリアで、地元の若者たちの力によって蘇った「門前ビアガーデン」や、土蔵をリノベーションした「庭カフェKULA《クラ》」など、新たなまちづくりの動きも始まっている。笠間市の「今」を知り、そこにある課題を解決するべく、3泊4日のフィールドワークが行われた。

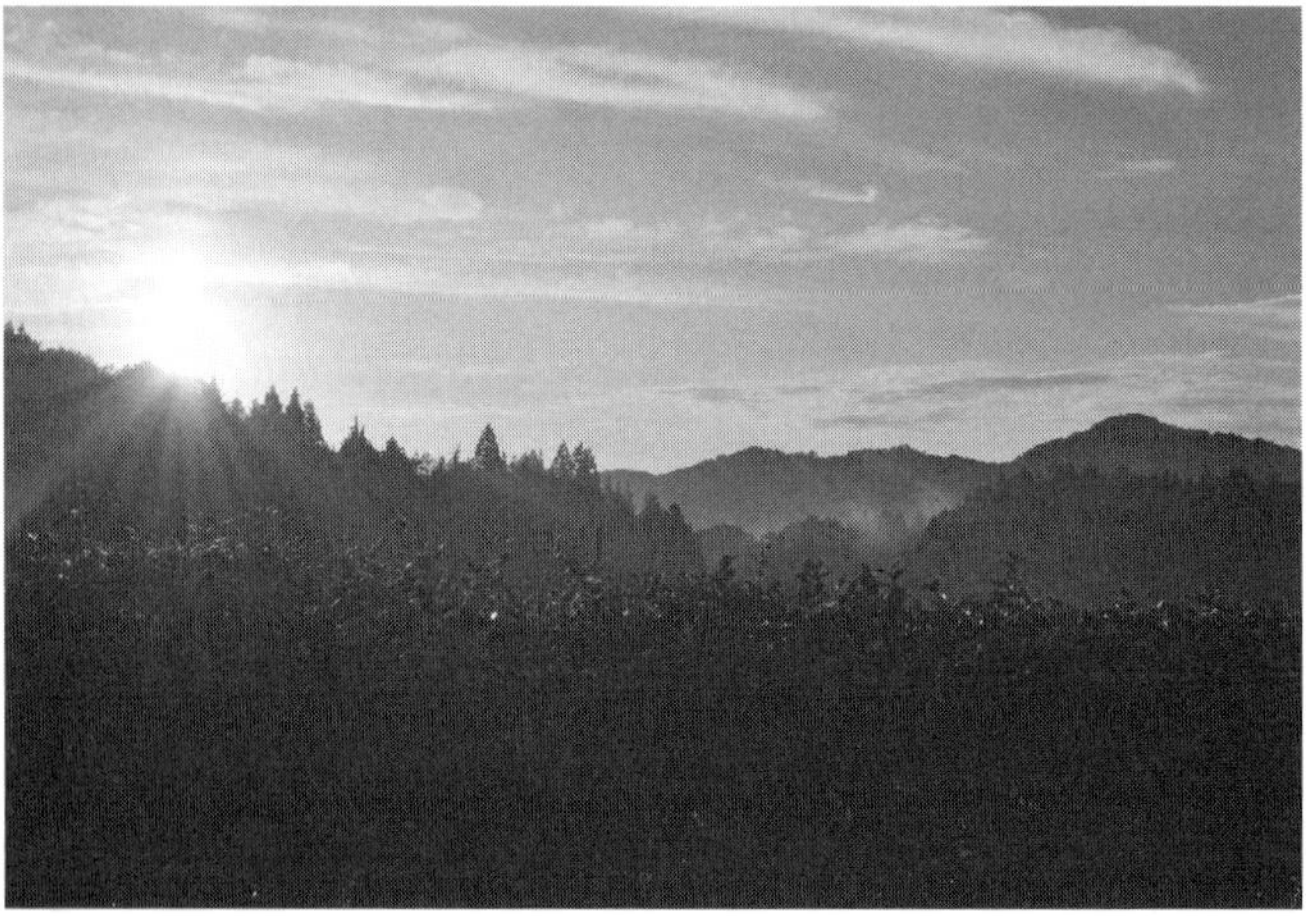

東京から約１時間、豊かな自然と芸術の街、笠間市　（写真）丸の内プラチナ大学

豊かな農産物と伝統ある工芸に触れる

今回のフィールドワークの拠点となったのは、関東初の本格的な滞在型市民農園「笠間クラインガルテン」。その一角に建つゲストハウスにチェックインしたあと、受講生たちは北野高史氏（笠間市 市長公室企画政策課 課長）のガイドのもと、早速まちへ繰り出した。

初日は、笠間市の農業の今を知るべく、刺し身の「つま」や業務用大根おろしなどを自社生産する「農業生産法人 有限会社ナガタフーズ」、有機ＪＡＳ認証とＪＧＡＰを取得し、ほうれん草と小松菜を生産する「農業生産法人 株式会社ヴァレンチア」を視察した。

「注文数が増えている一方、人手不足の問題が深刻化している」「無農薬栽培ゆえに、夏場は畑の全面積にビニールを張って消毒を行わねばならず、膨大な廃棄資材をいかに処理するかが課題」と両社の代表は地域における担い手不足の現状を語った。

2日目は、笠間市稲田を中心に東西8㎞、南北6㎞にわたる御影石の採石によって形成された石の景観「石切山脈」を見学。絶景スポットとしてメディアで取り上げられる機会が急増し、一昨年は歴代最多となる年間2万5000人の観光客が訪れた。

また、創業150年の「磯蔵酒造」、笠間市で3代続く自転車ショップ「セーフティショップおおしま」、行列ができる人気のパン屋「森の石窯パン屋さん」を訪問し、笠間のキーパーソンであるオーナーたちに話を聞いた。

磯蔵酒造の磯 貴太氏は「高齢化に伴い、地元の日本酒ファンも減少の傾向にあるが、仲間たちと一緒になって楽しく過ごすことが、一番の〝まちおこし〟になるのではないかと思う」、自転車ショップの第3代社長である大嶋繁利氏は「観光で笠間市を訪れる人々に、自転車でまちの魅力を楽しんでもらうためには、自転車で走りやすく、寄り道したくなるような仕掛けが必要」、「森の石窯パン屋さん」の代表・岡部雄一氏は「パン屋を起業

「稲田みかげ石」の採掘場は壮大な石の屏風　（写真）丸の内プラチナ大学

したのは、笠間市の多彩な食材の魅力を伝えると同時に、訪れた人々が気軽に持ち帰ることができるものを作りたかったから」と、それぞれに笠間への想いや課題を語ってくれた。

受講生たちは、セーフティショップおおしまのレンタサイクルでまちに繰り出し、サイクリングを楽しんだあと、笠間芸術の森公園内にある「笠間工芸の丘」へ。笠間市が誇る伝統工芸「笠間焼」の現状を知るべく、岡野正人氏（笠間工芸の丘総務部部長　統括マネージャー）を訪ねた。

北関東では栃木県の益子焼と並ぶ一大産地でありながら、笠間焼が全国展開に発展しない理由のひとつは、「手作り主体で、大量生産を行っていないこと」。また、「笠間焼は特徴がないとよく言われるが、それも特徴のひとつ」と岡野氏。統一感がないように見えるのは、それだけ多彩な作家性に富んでいるということ。独自に編み出した方法で釉薬を調合したり、自分なりの技法を突き詰められるという意味では、非常に自由度が高く、作家にとってこれほど嬉しいことはない。「近年は、陶芸家を目指す若い方が笠間に移住するケースも多く、伸びしろがある産業ではないかと思う」と話してくれた。

3日目は、これまでの振り返りを行い、最終日に向けたアイデア整理の準備からスタート。「地元の方の個性が強い。懐が深そう」、「本物にこだわる人がいて、生産者の顔が見える製品が、まちの中で完結しているのが素晴らしい」「豊富な資源を活用しきれていない印象があった」など、課題解決プランにつながる意見が多く出た。リフレッシュ・フィールドワークでは、笠間日動美術館でアート鑑賞を楽しんだり、石窯パン屋を再訪するなど、受講生たちは思い思いの時間を過ごした。

地元の高校生5人との交流会では、「大学に行ったらやってみたいこと」「大学時代に夢中になったこと」など、様々なテーマでディスカッションが行われたほか、受講生たちはフィールドワークで感じた笠間の魅力を共有した。高校生からは、「自分では気づけなかった笠間の魅力を話してくださり、このまちの良い部分を実感できた。それを活かせるようなまちになっていけばいいなと思う」などの感想が挙がった。

地域資源を活かした構想案を発表

最終日、山口伸樹市長に向けた課題解決プランの発表では、笠間の名産物の栗を活かした「モンブランコンテスト」や芸術を活かした街案内となる「笠間アートサイン」など、フィールドワークで見つけた笠間の魅力と課題解決を活かした案が登場した。

山口市長は、総括として「皆さんからのご提案は、政策としての実現を視野に入れ、担当課に振り分け議論していきたい。情報発信が上手ではないのが、笠間や茨城の特性かもしれない。今後は、笠間の良いところをしっかりと発信していきたい」と述べた。

一行は、笠間工芸の丘でロクロ体験を楽しんだあと、帰路についた。濃密なスケジュールで笠間市への知見を深め、その逆参勤交代の候補地としての魅力を堪能した受講生たち。既に地元食材の東京での紹介や新たなレシピ作り等、新たな展開が始まっている。

4 豊かな自然とパワースポットのまち——埼玉県秩父市

2019年9月6日（金）～8日（日）開催

最終日・市長への課題解決プラン発表を終えて

（写真）丸の内プラチナ大学

Schedule

第1日

オリエンテーション⇒番場通り・秩父神社・買継商通り⇒秩父ふるさと館（昼食）⇒宮側商店街⇒秩父まつり会館⇒本町、中町通り⇒ちちぶエフエム⇒東町通り⇒地元商店街の皆様との意見交換⇒地域の課題整理・明確化

第2日

ベンチャーウイスキー秩父蒸留所・秩父麦酒・兎田ワイナリー視察⇒ツーリストテーブル 釜の上 秩父うさぎだ食堂（昼食）⇒市有井ノ尻住宅・和風コワーキングスペース「多豆」・秩父ビジネスプラザ・秩父新電力視察⇒移住者・地域おこし協力隊との意見交換⇒地域の課題整理・明確化

第3日

課題解決プラン討議・まとめ⇒カジュアルフレンチレストラン「マチエール」（昼食）⇒市長への課題解決プラン発表・総括

池袋駅から西武鉄道・特急レッドアロー号で、約80分。都心に近い自然豊かなまち、埼玉県秩父市では、「近郊型」逆参勤交代が実施された。約40万株の芝桜が咲き誇る羊山公園の「芝桜の丘」や岩肌にしみ出る湧水が創り上げる巨大な氷のオブジェ「三十槌の氷柱」など、四季折々の美しい景色を楽しめる秩父市は、年間300を超える祭りが行われる「祭りのまち」でもある。関東屈指のパワースポットとして人気を集めている秩父神社や三峯神社など寺社仏閣も多くあり、34カ所の観音霊場を巡る「秩父札所巡り」で訪れる人も多い。近年は「秩父温泉郷」として宿泊キャンペーンを打ち出すなど、地元の温泉を盛り上げる動きも活発で好評を博している。年間約1000万人の観光客が訪れ、年々増加の傾向にある一方、若者の人口流出や空き家や空き店舗などの課題も増えている。秩父市は今、「移住者、関係人口の増加」を最たる課題として掲げ、移住相談センターやお試し住宅、市営住宅の未使用部分敷地を活用したサービス付き高齢者向け住宅（サ高住）、移住者の助成金制度などの取り組みに力を入れている。このまちに対して逆参勤交代者の「私」ができることは何か？　それを見出すべく、受講生たちは多彩な魅力にあふれる秩父のまちへと繰り出していった。

初日のフィールドワークは、商店街の散策からスタート。秩父市を熟知した三ツ井卓也氏（秩父市役所市長室 地域政策課 移住相談センター主任）のガイドのもと、秩父神社の参道「番場通り」へ。石畳が敷き詰められた通りには、大正後期から昭和初期にかけて建てられたレトロモダンな建造物が、今なお姿を残している。最近ではカフェと民泊施設を融合した施設もあり、古き良き時代と現代が混ざり合う独特の雰囲気もこの通りの魅力になっている。その後、秩父神社の総鎮守・秩父神社、かつて織物産業で栄えた古い町並みの面影が残る「買継商通り」、ナイトバザールの発祥地である「宮側商店街」のほか、本町、中町、東町通りを歩き見て回った。

「秩父夜祭」に登場する笠鉾　（写真）丸の内プラチナ大学

その途中、日本三大曳山祭のひとつである「秩父夜祭」に関する屋台・笠鉾を主とした関係資料を実演紹介するユニークな展示館「秩父まつり会館」に立ち寄り、受講生たちは、原寸大の屋台と笠鉾に、秩父夜祭の賑わいを再現したプロジェクションマッピングや3Dシアターの映像を楽しんだ。続いて、2019年10月に開設した準備中の秩父地域のコミュニティFM放送局「ちちぶエフエム」のスタジオを訪問。

耳に伝える情報発信にこだわる理由のひとつは、高齢者が多いこと。「ちちぶエフエム」放送局長・山中優子氏は「ラジオなら、農作業をしながらでも聞くことができる。秩父の人による秩父の人のための秩父での暮らしが、少しでもハッピーになるよう全身全霊で心を尽くしていきたい」と今後の展望を話してくれた。

地元商店街のキーパーソンとの意見交換では、東町商店街協同組合理事長ら3名を囲んで、活発なディスカッションが行われた。商店街の人々からは、「自分たちでは思いつかないような貴重な意見をきちんと伝えてくださり、非常に勉強になった」「日帰り客が多い中でいかに宿泊客を増やすかという課題に対して、例えば、夕食後に飲みに行けるような場所があれば、宿泊する人も増えるのではないかという意見をいただき、感動した」などの感想が共有された。受講生からは、「ちちぶエフエムの趣旨に感激した。地域の人々の耳に、朝晩の情報を逐次伝えるというのは、最も古く、逆に斬新な企画だと思った」「秩父まつり会館が新鮮だった。あれだけ素晴らしいものが何百年も続いている。もっと

ワールドウイスキーアワードで世界一に輝いた「イチローズモルト」
（写真）丸の内プラチナ大学

その魅力を伝え、広げていけると良いのではないか」といった声が挙がった。

ローカルイノベーションの可能性を実体験

2日目の午前中は、ワールドウイスキーアワードで世界一に輝いた「イチローズモルト」を蒸溜する「ベンチャーウイスキー秩父蒸溜所」を皮切りに、北海道からの移住者が設立した「秩父麦酒」の醸造所、美しいワイン畑と工場見学や試飲が楽しめる「菟田ワイナリー」を訪れ、受講生たちは、秩父の風土を活かした酒造りの現場を体感した。

午後は、都市部などからの移住者も入

意見交換会に迎えられた５名のゲスト　（写真）丸の内プラチナ大学

居できる市有住宅として、入居者を募集している「市有井ノ尻住宅」、昭和3年に建てられた純和風建築を改装した和風コワーキングスペース「多豆」、秩父ビジネスプラザ内にある「コワーキングスペース　働《はたら》空間《くうかん》」を視察し、逆参勤交代でのリモートワークをイメージした。また再生可能エネルギーの地産地消と地域経済活性化を目指して2018年4月に設立された「秩父新電力株式会社」の取り組みについて、同社副社長の滝澤隆志氏に話を伺い、ローカルイノベーションの可能性を検討した。

　移住者、Uターン者、秩父市地域おこし協力隊との意見交換では5名のゲストを迎え、移住に至った経緯や秩父への想いが共有された。その後、受講生との間で行われたディスカッションでは、「コミュニティスペース以外にあったらいいなと思う施設は何か」など、素朴な疑問や移住に対する質疑応答が交わされた。

最終日、久喜邦康市長への課題解決プランの発表では、「ご近所学び場 秩父SCHOOL構想」「西武旅するレストラン 52席の至福 特別貸切プロジェクト」など、秩父の資源を活かした提案が行われた。

「企業人の方ならではの幅広い発想で、非常に面白かった。秩父市は、少子高齢化、人口減少など、全国の地方都市が抱える課題のすべてを持つ、典型的なまちではないかと思う。それらは日本各地の地方都市に共通する課題でもあるので、皆さんが秩父市を対象に考えてくれたことは、今後、地方創生に取り組むうえで、大きな礎になるのではないかと思う」と久喜市長は総括を述べた。受講生たちからは、「秩父が好きになった」「また、必ず秩父に来ます」という声が挙がり、まさに関係人口づくりの第一歩を踏み出したと言える成果が得られたトライアル逆参勤交代ツアーであった。

5 自然災害からの復興を支え、まちを再生——熊本県南阿蘇村

2018年9月6日（木）~9日（日）開催

最終日、受講生のプレゼンを終えて。村長はじめ村の主要プレイヤーのみなさんと。　（写真）丸の内プラチナ大学

Schedule

第1日
阿蘇ファームランド体験・健康チャレンジ館⇒同・GENKIスタジアム

第2日
【視察】阿蘇大橋跡⇒南阿蘇村役場・行政からの説明⇒【村内視察】長陽駅・カフェ「久永屋」⇒白川水源⇒道の駅「あそ望の郷 くぎの」藤原健志社長との面談⇒旧久木野庁舎⇒意見交換会（村役場）⇒南阿蘇中学校・ゲストティーチャー講演

第3日
阿蘇ファームランド課題解決ワークショップ⇒【視察】阿蘇東急ゴルフクラブ⇒地獄温泉・青風荘⇒阿蘇山上⇒阿蘇健康農園・キノコ工場

第4日
課題解決プラン発表会

ヘルスツーリズムを打ち出すも集客に課題

熊本県南阿蘇村は、阿蘇山・阿蘇カルデラの南部の南阿蘇地域に位置し、白川水源等、名水の里として知られる。しかし2016年4月に発生した熊本地震は村に甚大な被害をもたらし、未だに仮設住宅に住む村民もいる。南阿蘇村でのトライアル逆参勤交代は、地元で健康増進テーマパークを経営する「阿蘇ファームランド」が地域側の中心となって実施された。同社は1995年開業の観光・宿泊施設事業者で、熊本地震による観光客の減少や、従業員不足に苦慮している。また、「健康」をコンセプトとした旅行商品の販路開拓を積極的に進めようとしているが、アイディア、担い手共に足りない状態であり、逆参勤交代者への期待は大きい。また行政は、震災で観光客が激減したことを受け、新総合計画で観光客のV字回復をプロジェクト化し、広域連携、着地型観光の創出を目指し、関連する地域事業者との連携を強めている。今回のトライアル逆参勤交代実施当時も、震災からの復旧工事が村のあちこちで継続しており、新たな枠組み創出に取り組む途上であった。今回は、この阿蘇ファームランドの活性化、南阿蘇村全体の復興というふたつの課題に取り組む必要があった。

2日目、復旧作業が続く阿蘇大橋の視察　（写真）丸の内プラチナ大学

阿蘇ファームランドについては、健康施設でのストレスチェック等の健康診断の体験、阿蘇健康農園・キノコ工場の見学等を通じ、理解を深めた。特に阿蘇ファームランドの活性化を検討するワークショップでは、事前に社長室長の竹田知子氏が施設の各セクションから現状と課題をヒアリングし取りまとめた資料を受講生に説明し、施設側の現状を共有することができた。中でも重要だったのが営業面での課題である。同社営業部長の中司竜一郎氏が「健康増進やヘルスツーリズム関連の商品のニーズは感じているが、いかに成約させるかが課題」と話すように、販促・プロモーションへのアイディアへの期待が高まる。

被災地で果たす「人材」の役割

一方、南阿蘇村の現状については、被災地視察、地域事業者の現状把握のふたつがポイントとなった。被災地視察は、最大の被災地である阿蘇大橋を中心に、いたるところで被災状況を確認。地域事業者は、地域の主要なキーパーソンと直接面談し、現状と課題をヒアリングした。中でも道の駅「あそ望の郷 くぎの」と阿蘇東急ゴルフクラブでは、震災の経験を活かした復興支援ツーリズムの開発に取り組む意欲的な状況を知ることができた。また、村からは産業観光課の倉岡英樹課長が「観光客V字回復プロジェクト化」の取組みを説明し、最後に倉岡課長は「ヨソ者ならではの視点の導入、交流人口や関係人口の増加という視点で、今回のトライアル参加者の皆さんに期待したい」と述べている。

さらに今回、受講生は南阿蘇中学校を訪問し、中学3年生約80人との交流会を開催した。受講生が南阿蘇の魅力を語り、また高校時代に夢中になったことを話すと生徒は目を輝かせるシーンもあった。

視察で得た情報や現状認識を元に、最終日には各受講生から南阿蘇村・阿蘇ファームランドの課題解決プランの発表が行われた。出席者は、吉良清一村長、野﨑真司副村長（当時）ほか、行政関係者、地域事業者、阿蘇ファームランド関係者等が出席した。

受講生が発表したアイディアのなかで、特に議論が集中したのは、サテライトオフィスの利用と、村の高齢者の社会参加プランだった。発表を聞いた野﨑副村長（当時）は、村としてもサテライトオフィスに注力したいと語り、「移住者だけでなく、サテライトオフィスを利用する逆参勤交代者の有効性を感じた」と期待を述べている。

高齢者の社会参加プランは、現地の高齢者が観光産業で活躍するのと同時に、地域の健康施設の利用を促進し、地域経済活性化と高齢者の健康増進に役立つ可能性がある。健康寿命が伸びれば、医療・介護費の抑制にも「非常に効果が期待できる重要なプラン」（倉岡課長）という意見が聞かれた。

阿蘇ファームランド側からは、健康コンセプトの訴求ポイントの見直しにヒントを得たという意見があった。

「体験の多様化と同じように、健康のあり方も多様でなければならないと教えられた。ファームランドでも健康のあり方を単一的でなく多様に捉えて、村の皆さんにも気軽に利用していただける、新しい健康づくりのあり方を考えたい」（竹田氏）

今後の期待について、村から聞かれたのは一様に「人」という答えだった。「どんなプ

3日目、阿蘇ファームランドの「阿蘇健康農園」で行われているヨーロッパ型植物工場で、野菜づくりを視察。
（写真）丸の内プラチナ大学

ランも最初に一歩踏み出す人がいなければ始まらない」（野﨑副村長［当時］）、「さまざまな事業アイディアをもらったが事業主体が必要」（倉岡課長）。また、吉良村長は最後に受講生たちに次のように期待を語った。

「いろいろな提案をいただいたが、卵のようなもので温める時間が大事だし、温める人も必要だ。それを今回の受講生の誰がしかが担ってくれれば、一歩ずつ先に進むのではないだろうか」と吉良村長は述べた。

トライアルの最後には、今後受講生たちが南阿蘇村と関わっていくために「クラス委員」が決められた。ある受講生からは次のような非常に前向きな意見が聞かれた。

「東京のビジネスパーソンとして、南阿蘇村と阿蘇ファームランドの課題解決プランを求められてプレッシャーではあったが、逆に自分が好きなこと、関わりたいことを素直に案にまとめたことで共感を得られたことが嬉しい体験だった」

また、別の受講生からは、さらに積極的な意見があった。

「今回は、東京でイメージしていたのとは違うリアルな地域を見ることができた。自分の持っているITスキルが地域の教育現場でニーズがあることも分かったし、阿蘇の草刈りや野焼きにも興味がある。移住はできないがリモートワークには興味があるので、これきりにせず、繰り返し南阿蘇村を訪れたい」

復興と新ビジネス創出を同時に目指す密度の高い現場を目の当たりにすることができ、自分たちの人生を考え直す契機ともなったようだ。今後の受講生の活躍から、被災地復興支援型という新たな逆参勤交代のモデルも期待できるだろう。

6 初の「離島版」逆参勤交代の地——長崎県壱岐市

2019年9月27日（金）〜29日（日）開催

小島神社を背景に集う受講生たち　（写真）丸の内プラチナ大学

Schedule

第１日

博多港―高速船⇒芦辺港⇒小島神社⇒壱岐テレワークセンター⇒地域交流拠点「たちまち」

第２日

かもめの朝ごはん⇒一支国博物館⇒辰ノ島クルーズ⇒イルカパーク、課題解決プラン討議

第３日

こころ医療福祉専門学校⇒壱岐の島ホール（課題解決プランのまとめ、提案）⇒玄海酒造⇒あまごころ壱場⇒郷ノ浦港―高速船⇒博多港にて解散

長崎県壱岐市。『魏志倭人伝』や『古事記』に登場し、千を超える神社があると言われる神々の島。「アクセスが悪い」「通信環境が貧弱」「産業が乏しい」など離島に抱く一般的なイメージとは縁遠い島であり、博多から高速船で約65分で到着できるし、島内全域に光回線を敷設しているのでテレワークにも十分対応が可能だ。農業や水産業、酒類等の商工業も盛んで、雄大な自然と歴史に恵まれた元気な離島である。

ただし人口減少や若者の域外流出などの課題も少なくない。特に市が頭を悩ませているのがPR不足だ。「日本のモン・サン・ミッシェル」と呼ばれる小島神社、美しい海と島を巡る辰ノ島クルーズ、「幻の名牛」と評される壱岐牛など、実際に体験した人が口を揃えて称賛する豊富な観光資源を有しているが、全国的な知名度は今ひとつの状況である。

初の「離島版」逆参勤交代は、そんな離島ならではの魅力や課題を再発見しながら進められていくことになった。

逆参勤交代への期待は「きっかけづくり」と「新たな目線」

課題はあれど、壱岐は危急存亡の状態というわけではない。では何を目的に逆参勤交代を受け入れたのか。自治体の中心人物のひとり、平田英貴氏（壱岐市役所 企画振興部 政

受講生の多くが「もっとプロモーションすべき」と口を揃えた辰ノ島クルージングツアー
（写真）丸の内プラチナ大学

策企画課 課長）は「きっかけづくり」と「地元の目線を変える」ことを挙げた。

「2020年には東京オリンピック・パラリンピックが開催され、東京の企業の働き方に変化が訪れる。このタイミングで東京に壱岐の魅力をアピールできれば壱岐を訪れる人を増やせるのではないかと考えた。加えて、長く壱岐で暮らす人はどうしても島だけの視点になりがちになる。逆参勤交代で訪れた人々と触れ合い、地域に対する目線を変えてもらうことも期待したい」

その期待通り、壱岐での課題解決プランのプレゼンテーションは、受講生が持つスキルや知見を、壱岐の資産や課題と結びつけたアイディアが数多く提案され、壱岐の人々の目線を変えるきっかけづくりに成功したようだ。その証拠に同市の白川博一市長はプレゼンテーション後に次のようなコメントを残している。

「各プランを聞き、改めて〝壱岐市民が壱岐を知り、自信を持つ〟重要性を実感した。今後壱岐に人を呼び込んでいくために、我々自身が地元の魅力を外に発信できるようになっていきたい」

Iターン、Uターンに学ぶ3つのキーメッセージ

壱岐では、Uターン、Iターンをして事業や地域活性化に取り組む人々と触れ合い、地域と関わる上での心構えなどを聞くことができた。「外部人材に本当にしてもらいたいこと」を教えてくれたのは、東京から移住した森俊介氏（壱岐しごとサポートセンター Iki-Biz センター長）だ。

「『壱岐はこうしたらいい』というアイディアもありがたいが、本当に嬉しいのは『実際に壱岐で○○をやる』というアプローチである」

都会のビジネスパーソンは地方に対して「あなたの街はこうすべき」と、その街や地方を主語にして提案しがちだが、どれだけ良質な提案でも主語が自分＝「私」でない限り相

手の心には響かない。逆参勤交代コース講師の松田智生が、「自分主語」の重要性を何度も説くのと一緒である。

もともと市が運営していた壱岐イルカパーク&リゾートの経営を引き継ぎ、経営改善に取り組む高田佳岳氏（IKI PARK MANAGEMENT株式会社）は、「稼ぐ視点」の重要性を訴えた。

「行政は『稼ぐ』視点を持ちにくいので、その点は民間からアイディアやノウハウを提供していくと地域に好影響を与えられる。私にとってイルカパークの経営改善はひとつの目標だが、イルカパークが発展していくことで、この施設経由で島内の観光が活性化するハブのような存在にすることが真のゴールだ」

地域からは逆参勤交代者の「経済効果」も期待されることになる。そう考えると高田氏の言葉も今後の逆参勤交代を考えていく上で重要なヒントだ。

受講生たちに特に強い印象を残したのは、福岡からUターンで壱岐に戻り、一級建築士として働く傍らで地域の交流拠点グループ「たちまち」を立ち上げた篠﨑竜大氏の言葉だ。「気の合う仲間たちと共に毎日を楽しく過ごすにはどうすればいいかと考えた末、行動を起こしているので、『壱岐のために』と肩肘張って活動しているわけではない」

「たちまち」の拠点では、半分のスペースで食堂を営み、残りのスペースを地元住民にフリースペースとして開放している　（写真）丸の内プラチナ大学

普段大きな組織で働くと、「好きでもないことを、好きでもない人とやる」経験を持つ人も少なくないだけに、篠崎氏の言葉は強く刺さったようである。Iターン、Uターン者のそれぞれのキーメッセージが心に響く今回の逆参勤交代を象徴するシーンとなった。

主語を「自分」にすること重要性を増す

初めての離島版逆参勤交代は、受講生たちにはどのような視座をもたらしたのか。壱岐を含めて5度トライアル逆参勤交代に参加した経験を持つ公認会計士の男性は、は、「主語を『自分』にする重要性」を感じたと言う。

「昨年はどうしても『自分』を主語にできていなかったが、本当に何かを始めるのであれば主語を見直したうえで地元と共働する意識を持つことが大切なのだろう」

大手企業勤務の男性は、自社の先端技術を活用し、観光や交通や医療等の地域課題の解決を提案した。「地域の課題解決に大企業が参画できる余地はまだある。それがローカルイノベーションに繋がれば、自社のビジネスにもなり地方創生にも貢献できる」、さらに「自分の部下と一緒に短期間でもリモートワークをすれば働き方改革にもなる」として、経営幹部が率先垂範する姿を示している。

トライアル逆参勤交代において、「主語を自分」にした上で実現可能性の高いアイディアが数多く生み出されていたことが印象的だった。

ある移住者は、壱岐の人々のことを「外部から来た人に優しく、すぐ仲良くなれるが、なかなか家に呼んでくれない」と評していた。あくまでも一個人の感想だが、本当に受け入れてもらうためには、主語を「自分」にすることを強く意識し、胸襟を開いてもらう工夫はどの地域であっても重要だ。このテーマは逆参勤交代を推進するうえで重要なテーマになると改めて教えてくれたトライアル逆参勤交代であった。

7 参加者のアンケートからみる逆参勤交代

トライアル逆参勤交代のなかで、北海道上士幌町、埼玉県秩父市、長崎県壱岐市に参加した計30名に対してアンケートを実施した。ここから逆参勤交代への期待や課題が浮かび上がってくるので図表を示しつつ紹介したい。

なお参加者の大まかな属性は、男性7割、女性3割、20代・7%、30代・28%、40代・34%、50代・24%、60代・7%であり、30~50代が86%を占める。

まず今回の参加の位置づけと会社の支援（図表1・複数回答）については、「業務の一環として参加」が44・8%、「有給休暇として参加」は34・5%、「参加費の補助があった」が24・1%、「交通費の補助があった」が20・7%と、半数近くが業務として参加し、会社から参加費や交通費といった何かしらの補助を得ている。

また「今回のプログラムの中で最も興味深かった内容」（図表2）については、「地域の魅力と課題発見のフィールドワーク」48・3%、「地元キーパーソンとの意見交換」31・

図表1　今回の参加の位置づけと会社の支援（複数回答）

業務の一環として参加	44.8%
有給休暇として参加	34.5%
参加費の補助があった	24.1%
交通費の補助があった	20.7%

図表2　「今回のプログラムの中で最も興味深かった内容」

地域の魅力と課題発見のフィールドワーク	48.3%
地元キーパーソンとの意見交換	31.0%
移住者等の意見交換	10.3%
その他・無回答	10.4%

0％、「移住者等との意見交換」10・3％、その他・無回答10・4％であり、現地を実際に体験するフィールドワークや地域の人との直接的な交流に興味を持っている。

そして、「参加後に実感できたこと」（図表3・複数回答）では、「異業種の参加者との交流ができる」100％、「地域の人と交流できる」96・6％、「観光と学びを兼ねられる」96・6％、「色々な地域と関りが持てる」86・2％、「地域の課題解決に関われる」82・8％、「課題解決力・チームワーク等を磨ける」72・4％、「リフレッシュ・健康改善ができる」65・5％となった。

「異業種の参加者との交流」については、

例えばデザイナーが金融機関勤務者のＲＯＩ（投資対効果）の視点が新鮮だったことや、逆に金融機関勤務者が、デザイナーのデッサンの表現力に感動するといった普段の仕事では出会わない人材との交流が、新たな発見や気づきをもたらすことである。

なお、「今後、地域課題解決のために取組みたいか？」との設問に対しては、「思う」が93・1％、やや思うが「6・9％」と、合計が１００％となっており、全員がポジティブな回答をしている。

「今後、有望な逆参勤交代のモデル」（図表4・複数回答）としては、「ローカルイノベーション型」72・4％、リフレッシュ型48・3％、セカンドキャリア型41・4％、武者修行型37・9％、育児・介護型10・3％であり、特に地方創生をビジネスにするローカルイノベーション型が有望視されている。

一方で「逆参勤交代を推進する際の支障」（図表5・複数回答）としては、「地域でのリモートワークや情報セキュリティの整備」69・0％、「地域での副業や兼業の認可」62・1％、「上司や同僚等職場の理解」48・3％、「交通費や滞在費の負担」44・8％、「家族の理解が得られること」34・5％となっている。これらを官民が連携して解決していくことが求められる。

図表3　「参加後に実感できたこと」（複数回答）

異業種の参加者との交流ができる	100%
地域の人と交流できる	96.6%
観光と学びを兼ねられる	96.6%
色々な地域と関りが持てる	86.2%
地域の課題解決に関われる	82.8%
課題解決力・チームワーク等を磨ける	72.4%
リフレッシュ・健康改善ができる	65.5%

図表4　「今後、有望な逆参勤交代のモデル」（複数回答）

ローカルイノベーション型	72.4%
リフレッシュ型	48.3%
セカンドキャリア型	41.4%
武者修行型	37.9%
育児・介護型	10.3%

図表5　「逆参勤交代を推進する際の支障」（複数回答）

地域でのリモートワークや情報セキュリティの整備	69.0%
地域での副業や兼業の認可	62.1%
上司や同僚等職場の理解	48.3%
交通費や滞在費の負担	44.8%
家族の理解が得られること	34.5%

What：何をするか 〇〇プロジェクト	壱岐国 4つの電動自転車関所 プロジェクト
Why：なぜするか その理由	現在の壱岐は車での移動がメインになるため「通り過ぎるだけの町」が多くなる。 気軽に移動し、寄り道できて、坂道もへっちゃらな電動自転車を壱岐に普及させる。 レンタルステーションは町と町の間に設置し、それぞれの人や名産文化が交わる関所とする。
Who：私は何を担うか 社長、営業、広報	関所その1「勝本－芦辺関所」の運営と広報。
Whom：誰を対象に ターゲット像	(市)町民、旅行者（のうち自転車に乗れる人） 町民は自転車レンタルだけならタダ。
How： どのように実現するか	・施設は地方創生関係交付金（勝本－芦辺） ・ランニングコストは旅行者への自転車レンタル料、カフェ、店舗出展料でまかなう ・順次他地域にも施設を展開

壱岐国４つの電動自転車関所プロジェクト（長崎県壱岐市）
トライアル逆参勤交代での受講生の地域活性化プレゼン資料のひとつ。電動自転車を活かして島内４つの町にあえて関所を作り、移動を楽しむ狙い。

第4章

逆参勤交代を実現させるための提言

逆参勤交代に対して企業の経営幹部を対象にしたアンケート調査を実施した。その結果を明らかにすると共に、逆参勤交代の実現に向けた政策やビジネス視点の提言を示す。

逆参勤交代構想は、個人のワークライフバランスやスキルアップ、地域の担い手不足解消や新たな地域づくり、そして企業のローカルイノベーションや働き方改革に資する個人、地域、企業の三方一両得のモデルであり、1章では逆参勤交代の本質を説明し、2章では各界の有識者から逆参勤交代への期待を語っていただいた。そして、3章では全国6か所で実施したトライアル逆参勤交代の事例から、地域のキーパーソンの声や参加者の声、さらに参加者へのアンケート結果を紹介し、その有望性を示した。しかし、逆参勤交代の本格的な実現には課題があることも事実である。

地域側が逆参勤交代の受け入れに積極的なことは共通しているが、特に企業側のマインドの変化が求められる。今回、逆参勤交代に自分が参加するのではなく、「部下を参加させる立場」としての経営幹部を対象に、逆参勤交代への期待や課題に関するアンケートを実施した。そこで得られた結果を紹介すると共に、逆参勤交代の実現に向けた政策やビジネスのアイディアを示したい。

1 経営幹部アンケートからみた逆参勤交代への示唆

調査の背景

逆参勤交代に社員を送り出したい企業はどのくらいあるのか、また企業は逆参勤交代をどう活用しようと考えているのか。そして実施に当たっての企業側の課題は何か。さらに逆参勤交代を普及させていくために何が必要か。こうした点を明らかにするために、今回、企業側において逆参勤交代実施の意思決定権を持つと考えられる幹部層を対象にアンケートを実施した。

自ら逆参勤交代に参加したいかではなく、組織として参加したいか、上司として部下を参加させたいかという視点から、逆参勤交代への期待や課題を分析したものである。

〈調査概要〉

調査手法：インターネットアンケート（株式会社三菱総合研究所・生活者市場予測システ

ム（mif）パネルに対する追加調査）
調査対象：全国、男女、20～69歳、大都市圏（東京都、神奈川県、千葉県、埼玉県、愛知県、大阪府、福岡県）に勤務する企業・団体の幹部（経営者、役員、事業部長、部長クラス）
調査期間：2019年8月
回収数　：300サンプル回収。内訳は、従業員1000人以上の「大企業」62サンプル、1000人未満の「中堅・中小企業」238サンプル

大企業の幹部の約7割が「逆参勤交代」に社員を参加させたい意向あり

はじめに、自社社員を逆参勤交代に参加させたい企業がどのくらいあるかを見てみると、従業員1000人以上の大企業では、「参加を強く希望する」と回答したのが15％、「参加してみたい」と回答したのが53％であり、約7割に参加意向があることが分かった。他方、従業員1000人未満の中堅・中小企業の参加意向は約4割であり、規模の大きい企業の方が、逆参勤交代の実施ニーズが高い様子がうかがえる（図表1）。

逆参勤交代は第1章で示したように、その目的によって166ページの5つのモデルに

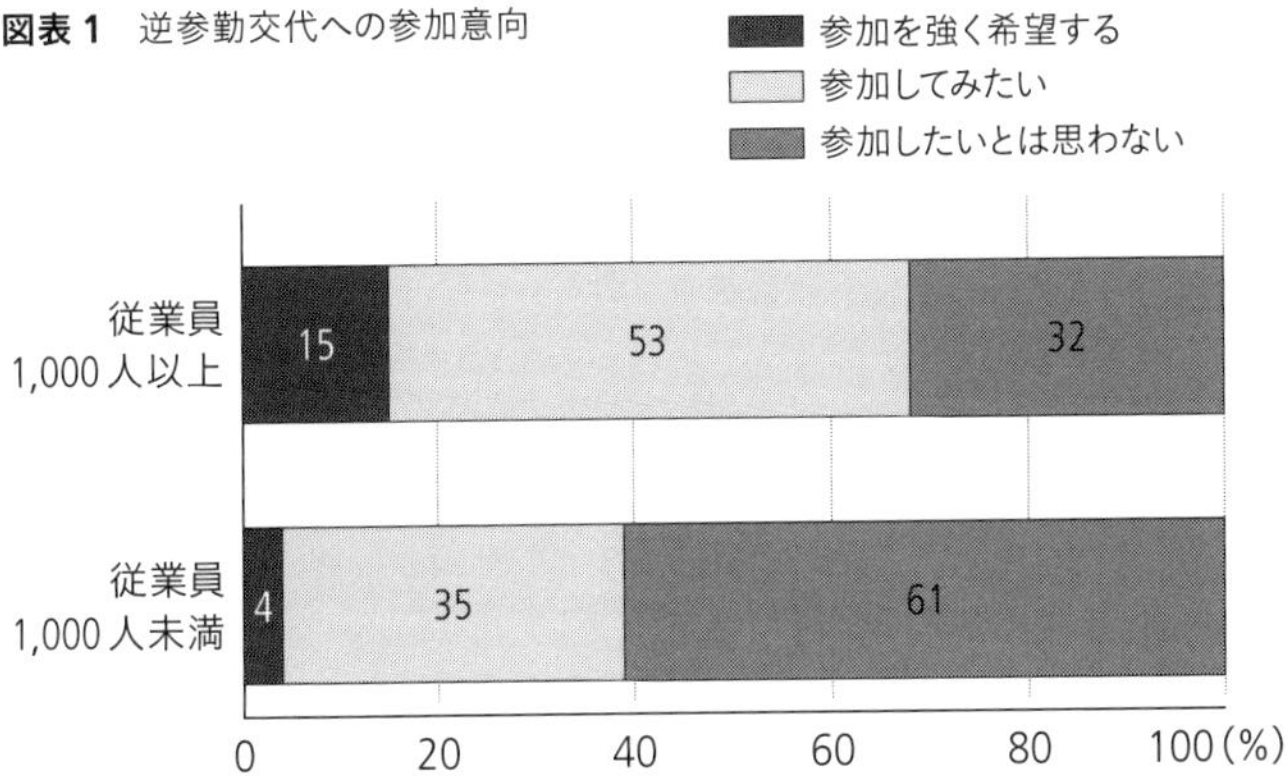

図表1　逆参勤交代への参加意向

分けることができる（図表2）。逆参勤交代への参加意向がある企業は、どのタイプに関心を持っているのか。マスボリュームを動かすという視点から、大企業に焦点を当てて、その特徴をみていく。

大企業において最も関心が高かったのは、シニア社員の新たなキャリア構築を促す「セカンドキャリア型」の39％であり、次が、地域の課題解決を起点に自社の技術やサービスを活かした新規事業創出を狙う「ローカルイノベーション型」の34％、そして、健康経営の推進を目的とした「リフレッシュ型」の29％の順であった（図表3・複数回答）。中堅・中小企業と比べると、大企業では、「ローカルイノベーション型」の関心と家族のライフステージに即したワークライフバランスの実現を目指す「育児・介護型」への関心が高く

図表2　多様な逆参勤交代のモデル

ローカルイノベーション型	20〜40代	ローカルイノベーション等新規事業のプロジェクトチームの集中合宿	期間：1カ月 週4日本業 週1日地方業務	公募型
リフレッシュ型	20〜60代	高業績社員のモチベーション向上、メンタルヘルス改善や復職に活用	期間：3週間 週4日本業 週1日地方業務	公募型 指名型
武者修行型	20〜40代	将来の経営幹部が、地域の課題解決に参画	期間：1年 週1日本業 週4日地方業務	公募型 指名型
育児・介護型	20〜60代	育児や親の介護対応での実家近隣での勤務	期間：1年 週4日本業 週1日地方業務	公募型
セカンドキャリア型	40〜60代	シニア社員のセカンドキャリアの出向や転籍に活用	期間：1年 週1日本業 週4日地方業務	公募型 指名型

なっている点が特徴としてあげられる。

それでは、企業はどういう点に関心や期待を持って、逆参勤交代を実施しようと考えているのか。5つのモデルごとに、その特徴をみていく。

社員のキャリア転換を促進するために〜セカンドキャリア型

セカンドキャリア型の逆参勤交代への参加意向がある大企業がどういう点に関心・期待を持っているのかをみると、最も高かったのは「シニアのキャリア転換の機会創出」の75％であった（図表4・複数回答）。2013年に施行された高齢者雇用確保措置によって、企業は雇用者の希望者

図表 3　関心のある逆参勤交代タイプ（複数回答）

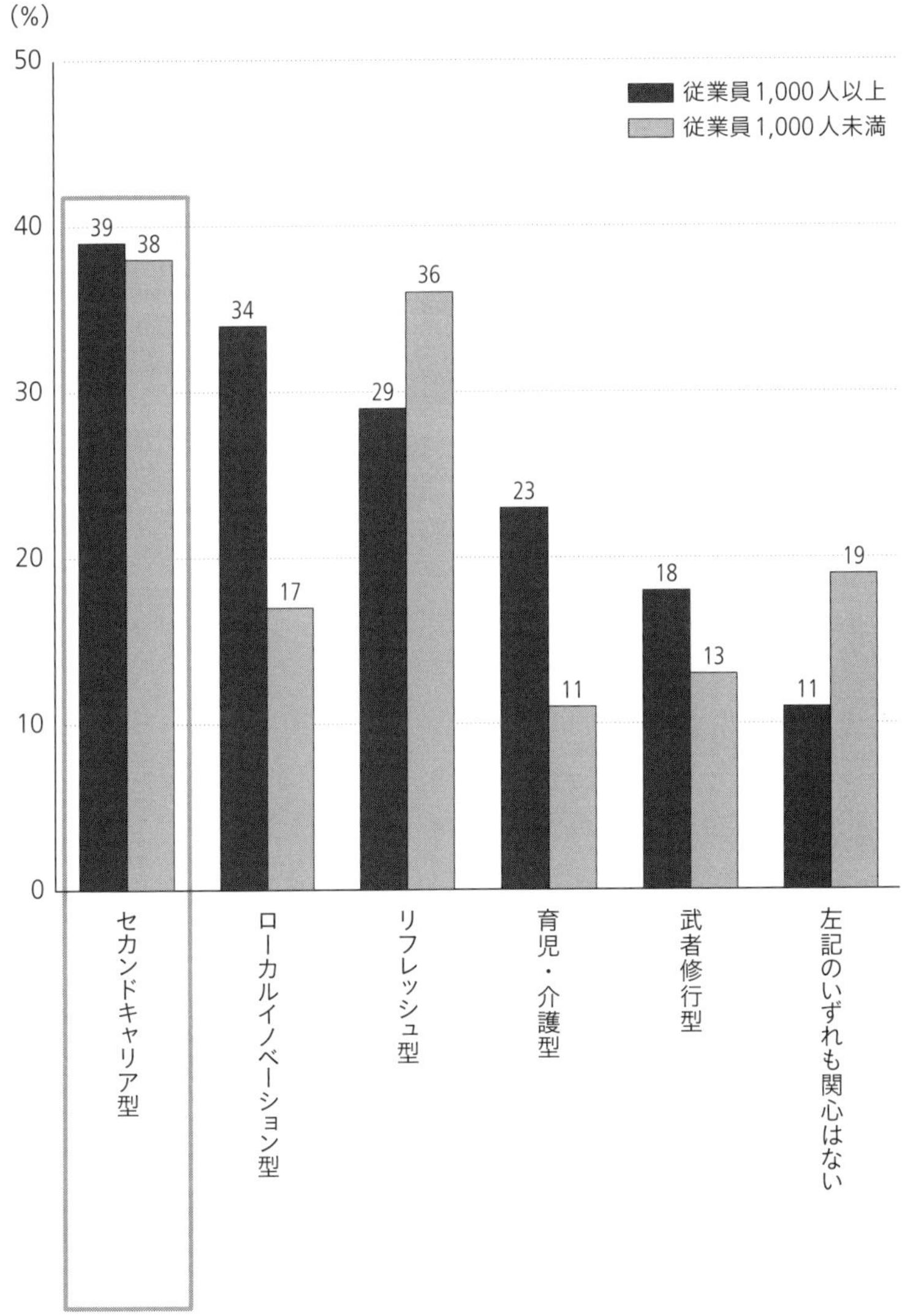

図表4　「セカンドキャリア型」の逆参勤交代に関心がある理由（複数回答）
注：セカンドキャリア型に関心があるとした回答者のみを対象にした設問

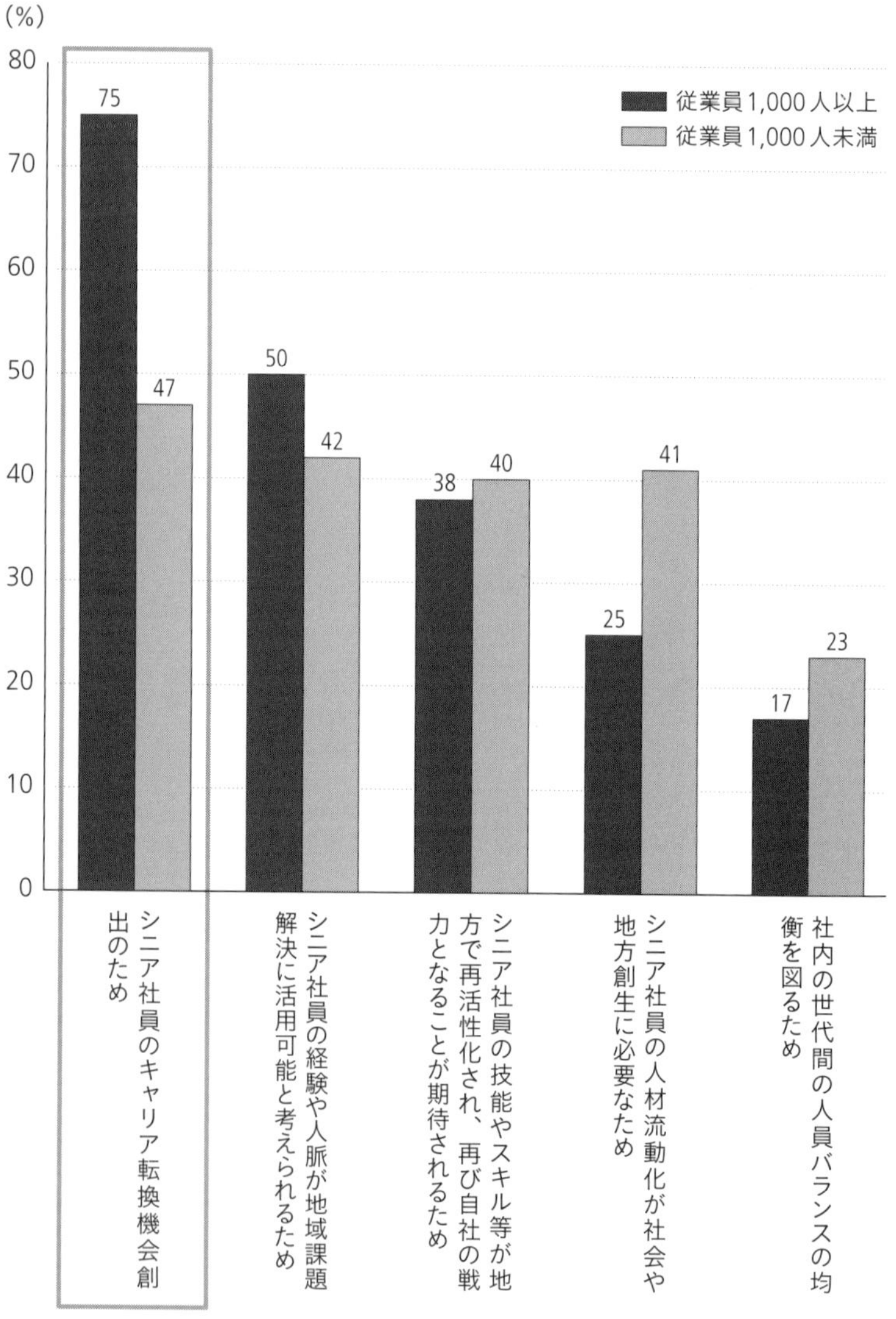

全員を段階的に65歳まで雇用することが義務付けられており、多くの企業が60歳等の定年を機会にシニア社員のキャリア転換を促している。そうしたキャリア転換の機会の一つとして、逆参勤交代が有効と捉えていると考えられる。

その他、大企業が関心がある理由の上位は、「シニア社員の経験等を地域課題解決に活用」の50％、「シニア社員再活性化による自社の戦力化への期待」の38％であり、シニア社員が地域で活躍したり、あるいは逆参勤交代後に再び自社の戦力となることが期待されている。

地域課題解決をビジネスにするために〜ローカルイノベーション型

ローカルイノベーション型の逆参勤交代への参加意向がある大企業がどういう点に関心・期待を持っているのかをみると、最も高かったのは「地方の課題解決を起点とした新規事業の創出」の62％であった（図表5・複数回答）。

次いで、「自社の既存事業の商品・サービスの販売」の52％、「地方のベンチャーや有望企業の発掘や提携」の43％という順となっている。逆参勤交代によって、特定の地域とのつながりを深めることで、既存事業や新規事業を拡大させる狙いと捉えられる。

図表 5　「ローカルイノベーション型」の逆参勤交代に関心がある理由（複数回答）
注：ローカルイノベーション型に関心があるとした回答者のみを対象にした設問

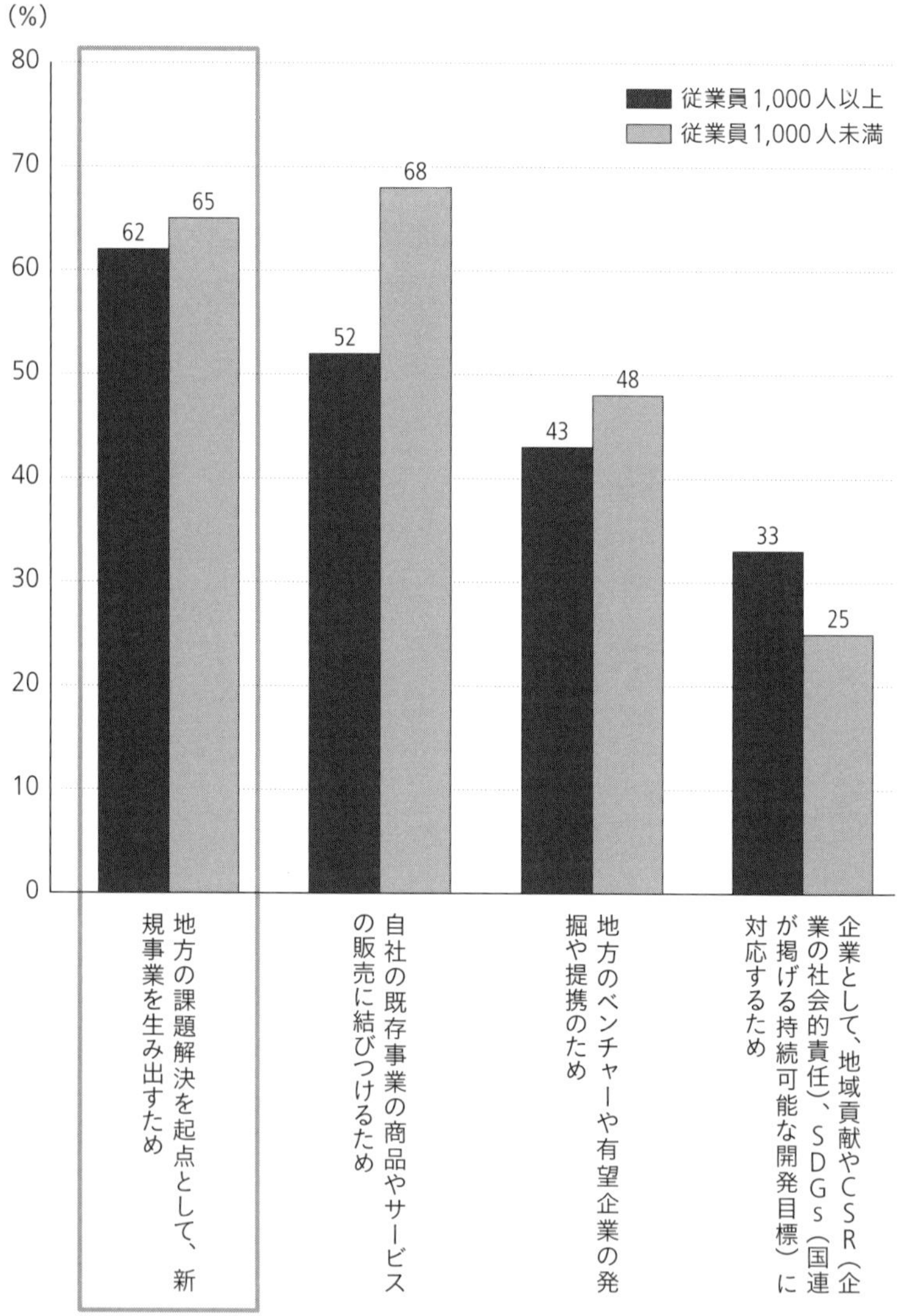

また、「地域貢献やCSR、SDGsへの対応」をあげる大企業も33％みられる。企業の社会的責任や注目を集めるSDGsの具体的な推進として逆参勤交代が注目されていく可能性は高い。

社員の生産性向上のために～リフレッシュ型

リフレッシュ型の逆参勤交代への参加意向がある大企業を見ると、最も高かったのは、「社員が心身リフレッシュすることによる生産性向上への期待」の89％であった（図表6・複数回答）。近年は、欠勤や遅刻等のアブセンティズム（absenteeism）よりも、「出勤しているにも関わらず、健康上の問題により、充分にパフォーマンスが上がらない状態」を意味するプレゼンティズム（presenteeism）が課題になっている。逆参勤交代によって、環境のよい地方でのリモートワークが社員の健康に寄与し、業務パフォーマンスの改善が期待されていると考えられる。

その他、上位にあげられているのは、「社員のメンタルヘルス対応のため」の61％、「会社として健康経営の推進を図っているため」の50％であった。

図表 6　「リフレッシュ型」の逆参勤交代に関心がある理由（複数回答）
注：リフレッシュ型に関心があるとした回答者のみを対象にした設問

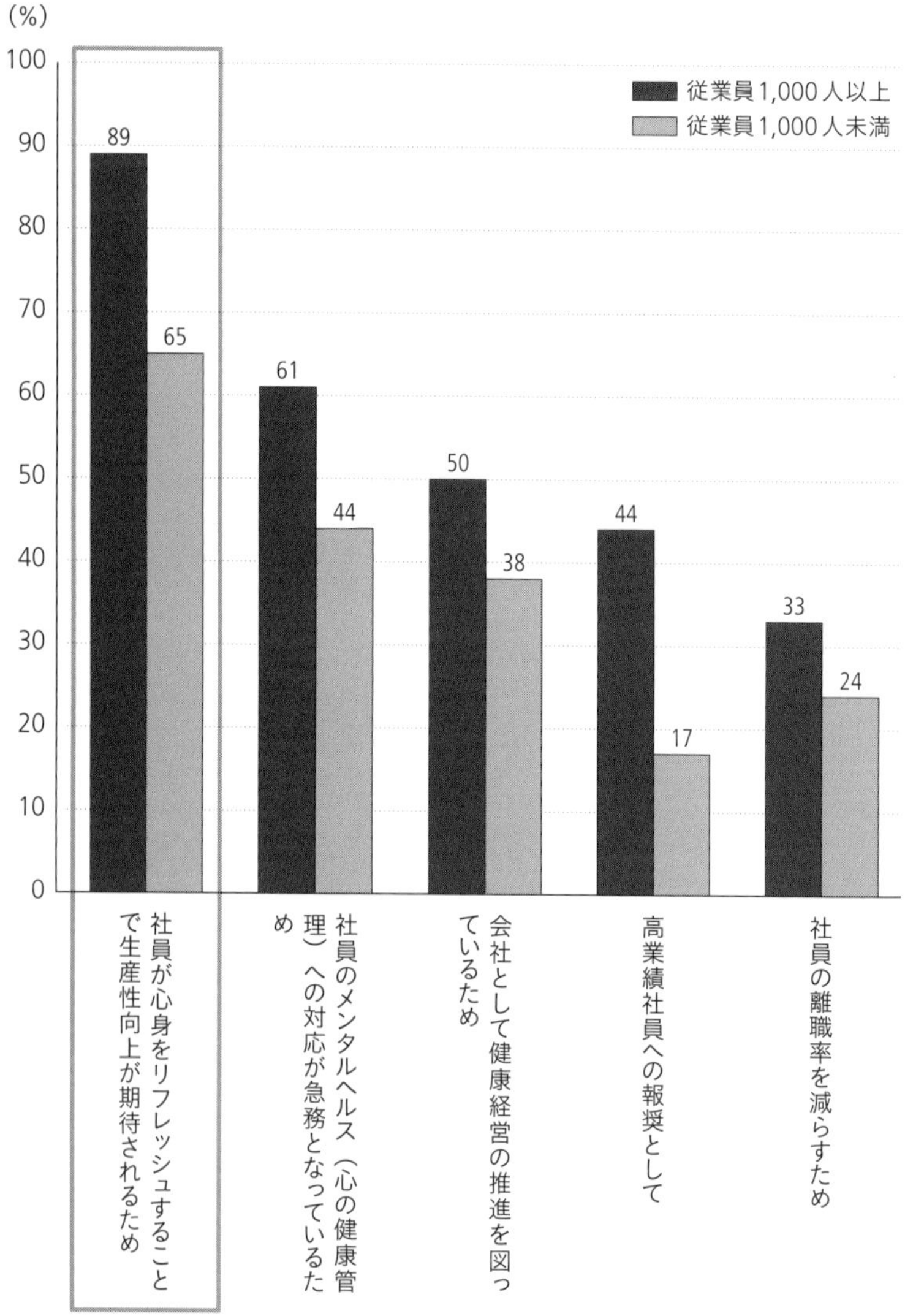

社員の多様な働き方促進のために～育児・介護型

育児・介護型の逆参勤交代への参加意向がある大企業では、「社員の介護対応、介護離職の軽減のため」の86％、次いで「社員の育児対応、育児離職軽減のため」の71％であった（図表7・複数回答）。

出産しても就業を継続する女性は増加傾向にあるが、第1子出産を機に離職する女性の割合は46・9％と依然として高い水準にある。[1] また高齢化の進展により介護離職の問題も顕在化してきている。こうした育児・介護の現状に鑑みて、仕事との両立を図る手段として、実家でのリモートワークによる逆参勤交代が有効と捉えられている。

将来の経営幹部を育成するために～武者修行型

武者修行型の逆参勤交代への参加意向がある大企業で最も関心・期待が高かったのは「ミドル社員・将来の経営幹部の育成」の91％、次いで多かったのが「若手社員の人材育成」と「地域の課題解決に取り組むことで新たなスキルが身につくため」がそれぞれ55％であった（図表8・複数回答）。従業員1000人未満の企業で最も関心が高いのが「若

図表7　「介護・育児型」の逆参勤交代に関心がある理由（複数回答）
注：育児・介護型に関心があるとした回答者のみを対象にした設問

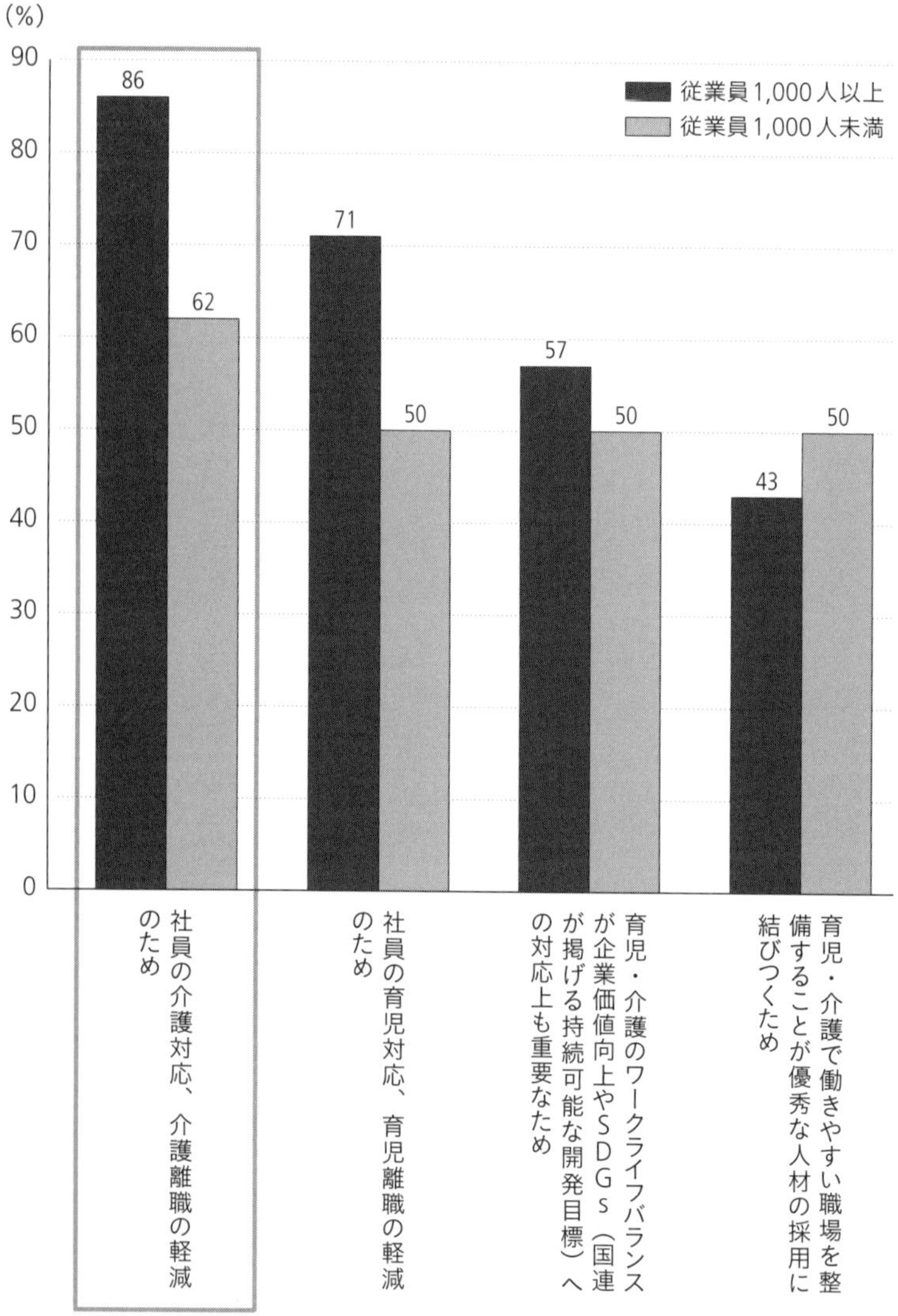

図表8 「武者修行型」の逆参勤交代に関心がある理由（複数回答）
注：武者修行型に関心があるとした回答者のみを対象にした設問

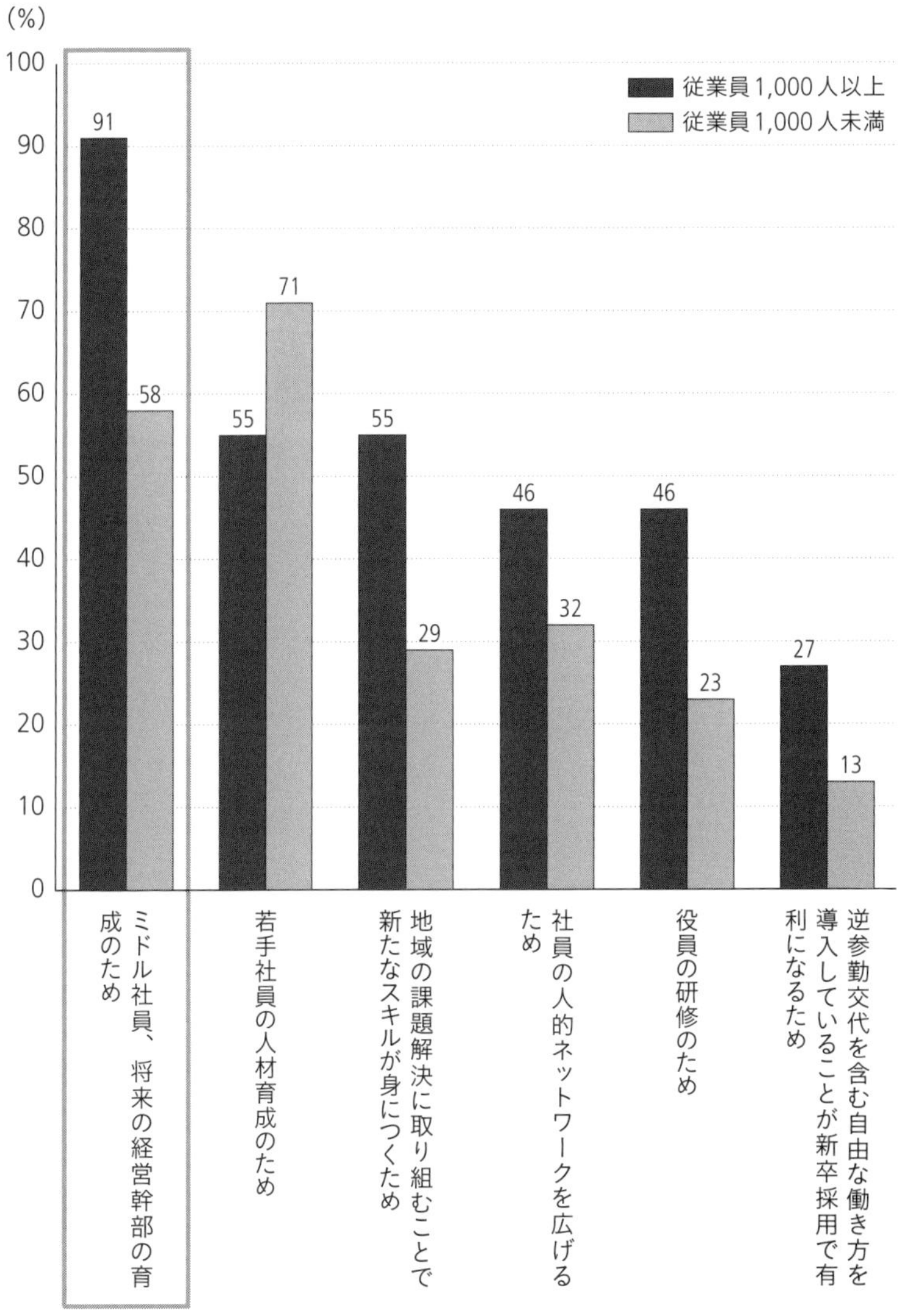

手社員の人材育成のため」の71％となっているが、大企業では若手よりもミドルを中心とした将来の経営幹部に対して、逆参勤交代を活用したいという意向がうかがえる。

実施の壁は、効果の明確化、費用負担、自社の環境整備

このように逆参勤交代は、大企業の幹部から様々な観点から関心を持たれているが、実施する際にはいくつかの課題も指摘されている。

大企業における逆参勤交代実施にあたっての課題は、「費用対効果の明確化」が44％と最も多い。企業のコスト意識が高まるなかで、逆参勤交代でどんな効果が得られるか、また、その効果は費用に対して満足できるものかについて、組織内で合意形成できないと、なかなか参加できないという企業も多いとみられる（図表9・複数回答）。

その他、上位にあげられているのは、「家族の同行費の企業負担」36％、「移動交通費の企業負担」31％、「リモートワークに対応する自社のITインフラ整備」31％、「優秀な人材を参加させることの影響」26％等である。

図表 9　逆参勤交代推進にあたっての課題（複数回答）

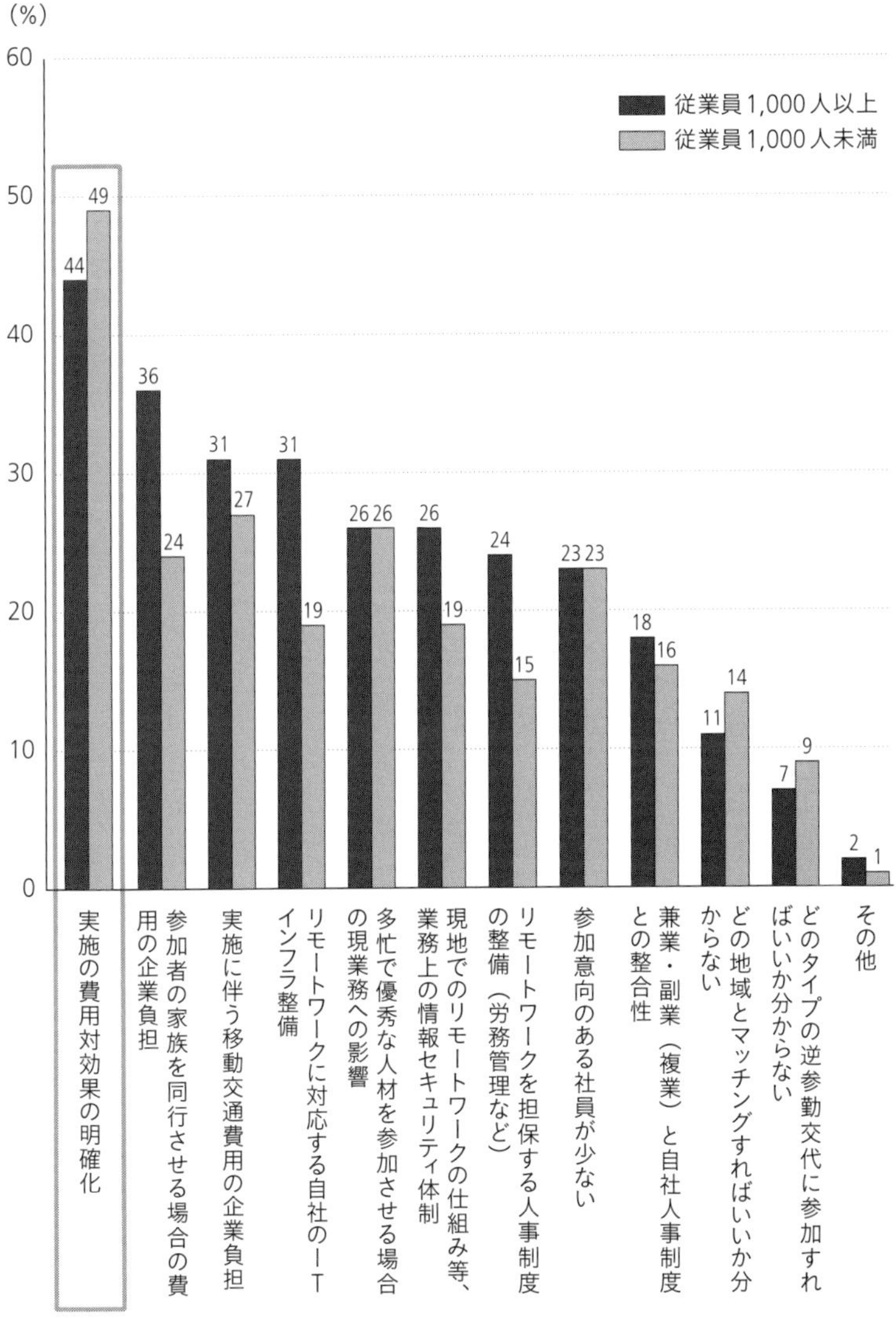
(%)
60
50
40
30
20
10
0
従業員1,000人以上
従業員1,000人未満
44
49
36
24
31
27
31
19
26
26
26
19
24
15
23
23
18
16
11
14
7
9
2
1
実施の費用対効果の明確化
参加者の家族を同行させる場合の費用の企業負担
実施に伴う移動交通費用の企業負担
リモートワークに対応する自社のＩＴインフラ整備
多忙で優秀な人材を参加させる場合の現業務への影響
現地でのリモートワークの仕組み等、業務上の情報セキュリティ体制
リモートワークを担保する人事制度の整備（労務管理など）
参加意向のある社員が少ない
兼業・副業（複業）と自社人事制度との整合性
どの地域とマッチングすればいいか分からない
どのタイプの逆参勤交代に参加すればいいか分からない
その他

人事制度や情報システムの整備、経営者の理解、補助や減税の必要性

それでは、逆参勤交代推進のために何が必要か、大企業が指摘している点をみると、「社内人事制度の整備」が65%と最も多く、次いで「社長をはじめとした経営者の理解」が42%、「社内の情報システムの整備」が42%の回答となった。その他、「移動交通・リモートオフィス等の費用への公的な補助」が37%、「法人税減税、副業（兼業）の所得税減税等の減税インセンティブ」が27%となっている（図表10・複数回答）。

逆参勤交代推進のためには自由な働き方が実現出来る人事制度や情報システムの整備が急務であり、それには、経営者の理解が必要となる。また企業の努力だけでなく、移動交通やリモートオフィスへの公的な補助、逆参勤交代を実施した企業への法人税減税や副業・兼業の所得税減税等のインセンティブへの期待も読み取れる。

図表 10　逆参勤交代推進のために必要なこと（複数回答）

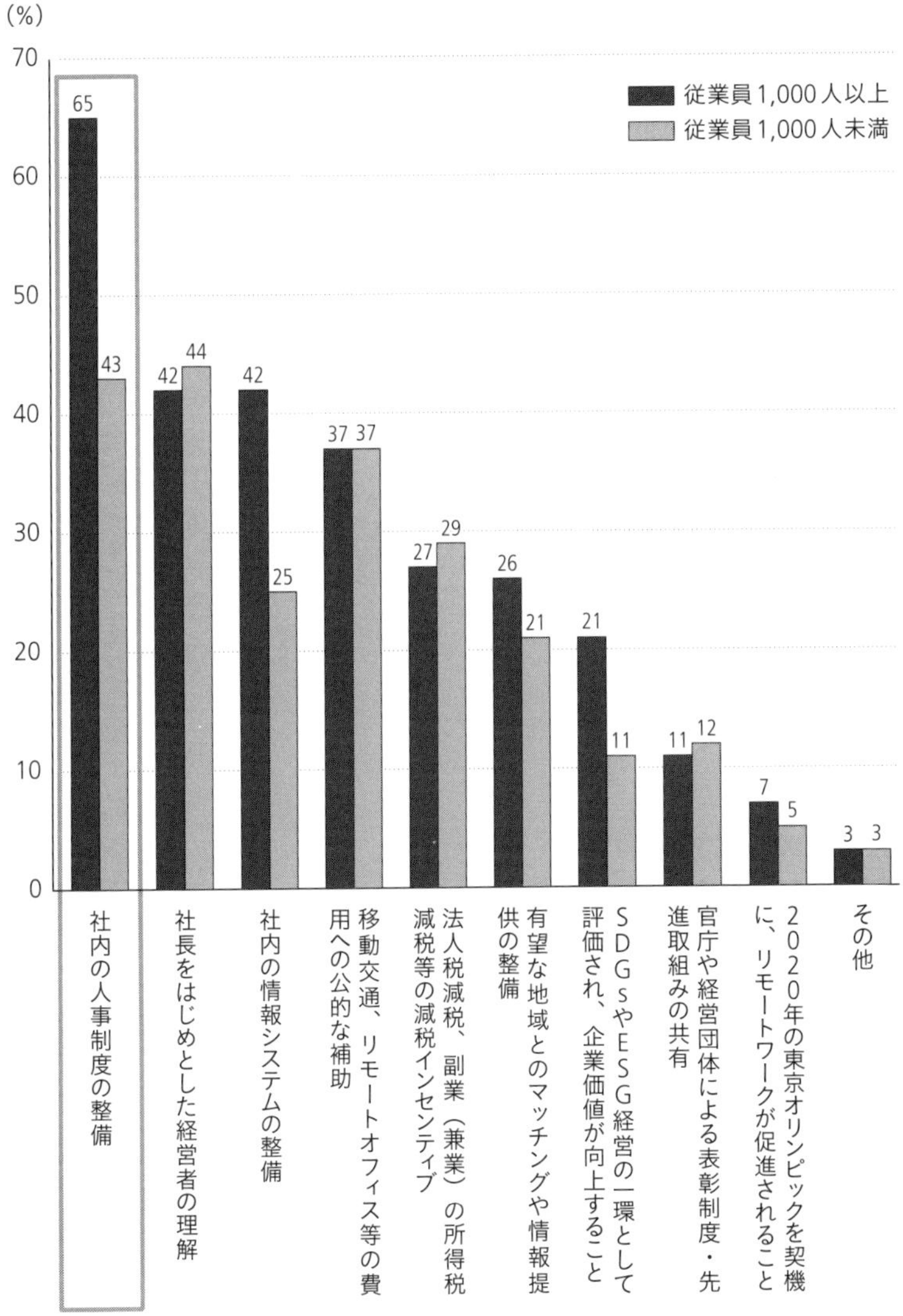

2 逆参勤交代を実現させる12の政策・ビジネスアイディア

企業幹部へのアンケートでは、逆参勤交代推進の課題として「費用対効果の明確化」、「家族同行や交通費の負担」、「ITインフラ、情報セキュリティ、人事制度の整備」が挙げられたが、ここではこうした課題を積極的に解決し、逆参勤交代を実現させるための政策やビジネスアイディアを示したい。

逆参勤交代プラットフォーム

逆参勤交代を企業と自治体がそれぞれ個別に進めるのは効率性が悪く、費用負担も大きくなる。そこで官民連携の逆参勤交代プラットフォームを形成する（図表11）。企業側は全国でどの自治体がどんな目的で逆参勤交代を受け入れたいかについて情報収集が容易でなく、また自治体側はどんな企業がどんな目的で逆参勤交代をしたいかが分からない。つまり、企業と自治体との情報の非対称性だ。このプラットフォームで情報を共有することで、企業と自治体とのマッチングの精度が高まる。また費用負担の課題に対しては、官民

図表 11　逆参勤交代プラットフォーム

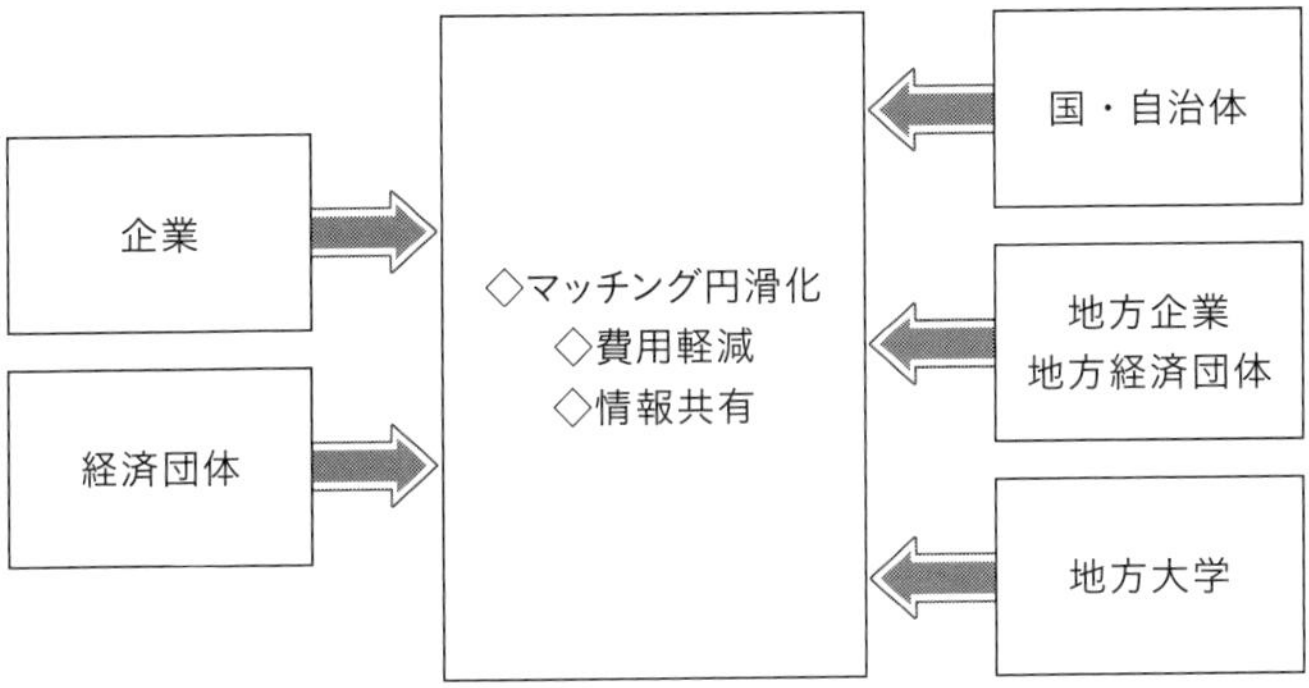

で基金を拠出し、共通のファンドとして移動交通費やリモートオフィスや住宅のコストをシェアする。言わば逆参勤交代のシェアリングエコノミーだ。

今、関係人口バブル、関係人口幻想論というリスクがあると危惧する。自治体側は単に関係人口を増やすだけでなく、彼らに何を期待するのか、地域のありたい姿を明確にすることだ。

なお２０１９年12月に閣議決定された第２期の「まち・ひと・しごと創生総合戦略」では、関係人口と全世代の生涯活躍のまちという視点から、「都市部の企業と地方との人材循環」、「官民連携による事業モデルづくり」が明示されていて、今後政策的な後押しも期待できる。

図表12　逆参勤交代のモデルに対応したエビデンス

逆参勤交代のモデル	求められるエビデンス
ローカルイノベーション型	地域企業との提携数。新規事業の創造数。地域発の起業数。地域の消費額・雇用数。経済波及効果。
リフレッシュ型	健康データ（ストレス、体重、血圧、歩数）。通勤時間、勤務時間、家族との交流時間。メンタルヘルス改善への貢献。
武者修行型	リーダーシップ・モチベーション向上。企業イメージアップ・新卒採用貢献。リテンション率向上・離職率軽減。
育児・介護型	育児離職、介護離職数の軽減。生産性、効率性の維持。モチベーション向上。
セカンドキャリア型	シニア社員のモチベーション向上、帰任後の戦力化。地域企業や自治体への転籍・流動化。

エビデンスの見える化

大企業の幹部から課題のトップに挙げられたのが、「費用対効果の明確化」だった。ベンチャーや中小企業であれば社長の鶴の一声で決まるが、大企業では社内の丁寧な合意形成が必要であり、実施した効果、エビデンスの存在が重要になってくる。逆参勤交代の5つのモデル別で見ると図表12のようなエビデンスが考えられる。前述した官民連携プラットフォームでこれらのエビデンスを共有し体系化し、ビッグデータとして蓄積されれば、より大企業の合意形成を促すエビデンスとなり、結果的に大企業というマスボリュームを動かすことが可能になる。

社長率先垂範型逆参勤交代

アンケートの「逆参勤交代推進のために必要なこと」では、「社長をはじめとした経営者の理解」が2位で挙げられた（図表10）。経団連や経済同友会等の経済団体は、２０１６年に「経営トップによる働き方改革宣言」を発表し、「経営トップ自らの強いリーダーシップにより改革を推進」示している。それならば率先垂範だ。経営者が自ら江戸時代の大名のように地方に逆参勤交代を行い、リモートワークを体験し、地域の課題解決や未来人材育成を現場で体験する。社長が「良い」と感じ、「やれ」と言う。これが社内の合意形成に一番説得力がある。

逆参勤交代の地は、創業の地でも、社長の故郷でも、リフレッシュに最適なリゾート地でも良い。また小さな市町村でなく県庁所在地クラスの大都市であれば、災害時の代替本社機能の訓練にもなる。

さらに逆参勤交代を経験した経営者と受け入れ自治体の首長で「逆参勤交代経営者・首長連合」を前述した官民プラットフォームに併設することを提案したい。経営者と自治体のトップ同士の信頼関係構築に資するはずである。

ＳＤＧｓ逆参勤交代制度

日本人の国民性として「やろう」と自発的には動かないが、「やれ」と義務であれば動き出し、そして「みんなやり始めたから」となれば、本格的に動き出す傾向がある。「程良い義務」は社会を動かすきっかけとして必要だと捉えてはどうだろうか。

江戸時代の参勤交代が諸藩にとって義務だったように、例えば上場企業にはＳＤＧｓの具体的実践として逆参勤交代を義務付ける。ＳＤＧｓの「8．働きがいも経済成長も」が、逆参勤交代の理念の「働き方改革と地方創生の同時実現」と合致する。また「11．住み続けられるまちづくりを」とも親和性が高い。実施した企業を「ＳＤＧｓ先進企業」として表彰すれば、株価の向上やＥＳＧ投資の活性化等、企業価値の向上が期待できる。さらに企業イメージが上がれば新卒採用にもプラスになる。

そして導入企業に法人税減税や奨励金、副業・兼業を行う社員への所得税減税等のインセンティブを積極的に取り入れ、一方で導入しない企業には法人税の増税といったアメとムチを使い分けることだ。

企業版ふるさと納税を令和版「租庸調」に

企業版ふるさと納税は、内閣府が認定した自治体の地方創生推進事業に企業が寄付すると、税制上の優遇措置が受けられる仕組みである。寄付額の約3割が損金算入になる軽減効果に加え、2020年度税制改正により税額控除の割合を現在の3割から6割に拡大することが閣議決定されたので、企業側の税負担の軽減幅は合計で約9割になる。[2] しかし、個人のふるさと納税の寄附額が5000億円を超えるのに対して、企業版ふるさと納税は2018年度で約35億円に留まっている。

逆参勤交代は企業版ふるさと納税の活性化に貢献可能だ。例えば企業版ふるさと納税をした企業は、その自治体の地方創生事業の担い手として、自社の社員の逆参勤交代をセットにする。そうした企業には表彰、奨励金、さらなる減税等のインセンティブを与える。オカネの寄付だけでなくヒトも協力させる令和版「租庸調」のアイディアだ。

人事制度改革の起爆剤に

今、多くの企業で人事制度改革が検討されているが、その後押しや起爆剤として逆参勤交代を活用すべきだ。ただし、逆参勤交代はゴールでなく手段であり、そのゴールは自由な働き方や、イノベーション人材の育成である。リモートワークや兼業・副業に対しては、「本業がおろそかになったらどうするのか？」、「働き過ぎ、過重労働になるのでは？」という声があるが、兼業・副業を導入した企業に聞くと、「新たに外の風を持って戻ってくる」、「兼業・副業の社員の方が心身共に健康」とポジティブな回答が多い。

これからの時代は、内向きで社内調整のバランス能力に長けた人材だけは乗り切れない。逆参勤交代による地方での他流試合、道場破り、越境体験が、会社のイノベーション人材となり、さらには研修制度、評価制度等、今の人事制度を一気に改革することが期待できる。

情報システムの整備

情報システムの整備、情報セキュリティへの対応は、企業の経営幹部へのアンケートでも課題の上位に挙げられたが、ソサエティ5・0や5Gの普及により技術的に解決可能な段階にある。さらに技術だけでなく仕組みや異業種との連携により実現を支援することも可能だ。例えば、大手の保険会社とIT企業が開発した「テレワーク保険」は、モバイルPCのウイルス感染時の調査費用、PC紛失による情報漏洩の損害賠償金の補償等、企業のリスク対応をサポートする保険である。このように最新技術と保険等の異業種による仕組みづくりで情報システム関連のリスクを軽減することで、逆参勤交代のハードルが下がるはずである。

プレミアムフライデーを逆参勤交代デーに

一時話題になったプレミアムフライデーも最近はすっかり下火のようだ。これを再活性化させるために「プレミアムフライデーは逆参勤交代デー」とする。まずは週末を活かした短期間の逆参勤交代で、参加者のすそ野を広げる。前述した官民連携プラットフォームのＨＰがあれば、「あの地域に行こう」と企業側の関心も高まり、経営者の逆参勤交代も試行的に開始可能だ。

さらに同時に交通機関やホテルで「逆参勤交代割引」を実施すれば、アンケートで課題として示された家族の移動交通費の軽減になる。鉄道や飛行機は空席率の高い時間帯の稼働率が向上し、ホテルや旅館は、閑散期の空室率が減少するメリットが生まれる。

子ども逆参勤交代

逆参勤交代は、ビジネスパーソンのための働き方改革だけでなく、あらゆる世代のためのライフスタイルに寄与すべきだ。第1章で示した「デュアルスクール制度」（29ページ参照）は、小学校から中学校の生徒が転校の手続きなしに、自由に都市と地方を行き来できる制度である。一方、２０１９年12月に閣議決定された第２期の「まち・ひと・しごと創生総合戦略」では、若年層を対象とした「関係人口」の創出・拡大の施策として、「農山漁村体験」、「地域留学」を掲げており、大人主導の逆参勤交代だけでなく、子ども主導の逆参勤交代も有望だ。

例えば子どもが地方留学した地域に、親がリモートワークをしながら一定期間同行する。子どもの成長を見守りながら、親も地域で学び担い手となることが可能である。

逆参勤交代大学

全国の地方大学は、逆参勤交代者が地域の魅力や課題を学ぶ場として有望である。そこで「逆参勤交代大学」を提唱したい。第１章で示したように信州大学では首都圏の企業人材を客員研究員として受け入れ、彼らは大学で学びながら地域企業に派遣され未来シナリオ作成に取り組んでいる（31ページ参照）。大学の客員研究員という肩書は、逆参勤交代する側にとっては都落ちの気分になることもなく、地域での学び（Education）と貢献（Contribution）は、逆参勤交代の理念にも合致する。地方の大学にとっても少子化で学生数が減少するなかでリカレント教育として、企業人材を定期的に受け入れることは、経営の安定だけでなく、教育、研究、地域貢献、ブランディングの多面的な効果がある。

夜の逆参勤交代

逆参勤交代は昼だけでなく夜も楽しい。地酒を堪能できる居酒屋、古民家をリノベーションした素敵なバー、昭和の面影のあるスナック、少し歩けば満天の星空を眺めて酔いを醒ますことも可能だ。ナイトエコノミー（夜間経済）は、街の再活性化、消費の喚起等、多面的な効果があり、「夜の逆参勤交代」で、逆参勤交代者は消費者にもなり、街の活性化のプランナーにもなり、副業で担い手にもなることもできる。実際、第3章のトライアル逆参勤交代を実施した市町村では、「スナックを経営したい」という都市部の女性が現れ、今は商店街の物件の選定や一緒に運営したい友人が集まる等、「夜の逆参勤交代」、

「夜の関係人口」、「夜の地方創生」が進みつつある。

逆参勤交代国際会議

逆参勤交代をオールジャパンとしての取り組みとするだけでなく、リモートワーク、ワークライフバランス、ローカルイノベーションをテーマに世界各国の有識者が日本に集い、その先端事例を紹介し課題解決の鍵を討議する国際会議を提唱したい。スイスのダボス会議（世界経済フォーラム）は、経済を中心に世界のリーダーが集う会議だが、東洋のダボス会議と呼ばれるような「逆参勤交代国際会議」を日本で開催するのだ。

人口減少、高齢化、労働生産性の低さ等、日本は課題の先進国であるが、その日本が逆参勤交代によりピンチをチャンスに変えて、課題解決先進国に挑戦している姿を世界に示すべきである。

図表13 逆参勤交代を実現する12の政策・ビジネスアイディア

	アイディア	概要
1	逆参勤交代プラットフォーム	官民連携により情報共有、費用負担軽減
2	エビデンスの見える化	費用対効果の明確化により社内合意形成を推進
3	社長率先垂範型逆参勤交代	経営者自ら率先垂範で体験することで社内合意形成を推進
4	SDGs逆参勤交代制度	SDGsを活用、表彰や減税等のインセンティブをセット
5	企業版ふるさと納税を令和版「租庸調」に	自治体への寄付と逆参勤交代をセットにした令和版「租庸調」
6	人事制度改革の起爆剤に	逆参勤交代を契機に人事制度改革を一気に推進
7	情報システムの整備	Society5.0の普及や5G導入、保険制度の活用
8	プレミアムフライデーを逆参勤交代デーに	プレミアムフライデーを逆参勤交代デーとして移動交通割引も導入
9	子ども逆参勤交代	子どもの地方留学主導で親子が逆参勤交代
10	逆参勤交代大学	地方の大学で逆参勤交代者が学ぶ
11	夜の逆参勤交代	ナイトエコノミーにより地域を活性化
12	逆参勤交代国際会議	働き方改革や地方創生のモデルを世界と共有・発信

3 おわりに――逆参勤交代の実現へ一歩踏み出すために

①逆参勤交代は自分主語

逆参勤交代は、自治体の地方創生や企業の働き方改革を実現させる構想であるが、何よりも大事なのは、逆参勤交代を担う本人のモチベーションの向上やキャリア形成、そしてワークライフバランスに繋がることである。つまり、主語は「地方が」や「企業が」ではなく、「私が輝く」という自分主語になるべきだ。

②明るい逆参勤交代はワクワク感

江戸の辛い参勤交代と違って、令和の逆参勤交代は〝明るい〟逆参勤交代であり、その原点はワクワク感である。地方に行って豊かな自然に触れる。食べ物も地元の酒も美味しい。地域の人と交流しながら学び、貢献することが目新しく、リフレッシュしながらモチベーションが高まる。逆参勤交代は都落ちでも島流しでもない、ワクワク感があふれる

〝明るい逆参勤交代〟であるべきだ。明るさ、ワクワク感こそ成長の源泉なのだ。

③逆参勤交代は、働き方改革×住まい方改革×生き方改革

逆参勤交代は、新たな働き方改革だけでなく、都市と地方の二地域居住や全国の都市での生活を体験できる「回遊型居住」という住まい方改革でもある。それは、個人のQOL（Quality of life：生活の質）を向上させる生き方改革でもある。

江戸時代は移動の自由が制限された社会であったが、今は移動の自由な社会であり、働き方、住まい方、生き方も自由な社会だ。人は自由になった時に何を求めるか？　それは「自己実現」ではないだろうか。なりたい自分になるきっかけづくりが、逆参勤交代になるはずだ。

④逆参勤交代者は、風の人、水の人、土の人

逆参勤交代者は、風の人、水の人、土の人と例えられる。「風の人」は、地域に新しい気づきやアイディアという風を吹かせる人であり、「水の人」は、そうしたアイディアに水をやるように育てる人であり、「土の人」はそれらを耕し、収穫する人である。つまり

逆参勤交代者の地域との関わり方も濃淡があり、多様であることを受け入れることが大切だ。

⑤逆参勤交代は化学反応

第3章で紹介したトライアル逆参勤交代で分かったのは、「逆参勤交代は化学反応を起こす」ということだ。例えば逆参勤交代者と地域の人が触れ合うことで、ヨソモノ視点や現地の視点から両者に新たな化学反応が生まれる。また逆参勤交代者同士でも、普段は出会わない業界や職種の人々との交流で化学反応が起きる。トライアル逆参勤交代のアンケートでも「異業種の参加者との交流ができる」「地域の人と交流できる」が参加後に得られた実感のトップ2であった。

また逆参勤交代者と都市部からの移住者とは波長が合う場面が多々見られた。都市部からの移住者は自分がこれまで主張してきたことが、ともすれば地域で受け入れられなかったが、逆参勤交代者から賛同する意見を得て、自信がつく経験になり、逆参勤交代者も自分と同じような考えを持つ人が実際地域で頑張っている姿をみて刺激を受けることになる。

そして、その場に同席していた地元の方が、これまで距離のあった移住者の思いをより詳細に聞き、逆参勤交代者との化学反応を見ることで、地元の人と移住者が理解し合うという前向きな化学反応が起こったのである。

⑥逆参勤交代は、続けること、深めること、広めること

逆参勤交代は、続けること、深めること、広めることだ。「続けること」とは、これを一過性のイベントにせずに、継続すること。「深めること」とは、逆参勤交代で都市と地域の交流を深めて、企業側や自治体側のニーズやシーズや課題解決を深堀りすることである。そして、「広めること」とは、全国各地の小さな町から大都市まで拡大してゆくことである。

⑦一歩踏み出す勇気

逆参勤交代のようなドラスティックな取り組みに関しては多くの意見があることも事実である。しかし反対ばかりしても、現状は何も変わらない。新たな挑戦を阻むものは、否定・批評ばかりして何も行動しない「否定語批評家症候群」と、リスクやしがらみばかり気にして結局何もできない「一歩踏み出せない症候群」にあると思う。

個人のワークライフバランス、地域の活性化、企業の働き方改革や新ビジネスをポジティブに解決することに反対する人はいないはずである。

それにはまず一歩踏み出す勇気だ。百の提言より一つの行動である。百人の有識者より一人の実践者だ。それは一個人、一自治体、一企業では難しいが、志のある主体が集まれば、最初は小さな一歩でも、将来は日本を変える大きな一歩になるはずだ。

明るい逆参勤交代が日本を変える日は近いと信じている。

1 「第1子出産前後の女性の継続就業率及び出産・育児と女性の就業状況について」2018年 内閣府男女共同参画局

2 「令和2年度税制改正等を踏まえた地方創生応援税制（企業版ふるさと納税）の活用について」2019年 内閣府地方創生推進事務局

エピローグ　ライフワークとしての逆参勤交代

なぜ逆参勤交代に魅せられるのか？　私は東京生まれの東京育ちで、家の系譜を見ると江戸時代までさかのぼる江戸っ子である。ゆえに、そもそも田舎に帰るという経験がない。もちろん東京は大好きな街であるが、地方創生の仕事で出張をすると、満天の星空、美しい風景、食べ物の美味しさ、人の温かさや何かに挑戦する人に魅せられて、その場所が「第二のふるさと」のように感じることが時々ある。

日常生活では行く機会のない場所で、自分のこれまでの人生では知り合わないような人と触れ合う。そうした新しい気づきのなかで化学反応が起きて、自らの生きる力が湧き出てくる。逆参勤交代とはそんな体験ではないだろうか。だから働き方改革や住まい方改革だけでなく、自分自身の生き方改革につながるのだと思う。

2017年に刊行した『日本版CCRCがわかる本』（法研）では、高齢者の新たなライフスタイルの視点から、「リタイアした後に、自分が住みたいコミュニティ」を思い描いて執筆したが、本書ではリタイア後ではなく「今、自分はどんな働き方をしたいか」を思い描いて執筆したものである。

２０１７年から逆参勤交代構想の提言を始めて、自治体や企業からの期待を直接感じ、全国各地で熱い志を持った方々と出会ったことが、「逆参勤交代のために一冊の本を書きたい」と本書を執筆するモチベーションとなったのは疑いのないところである。

これからも彼らと力を合わせて逆参勤交代を実現させたいと心を新たにしている。

今回の出版にあたり、事業構想大学院大学出版部の織田竜輔様と斎藤至様に企画・取材・編集と長期間に渡り真摯に伴走頂き、心より感謝申し上げたい。また第３章のトライアル逆参勤交代では、丸の内プラチナ大学の事務局と受講生の方々、ライターの岸由利子様、久我智也様、土屋季之様に大変お世話になった。さらに三菱総合研究所の柏谷泰隆プラチナ社会センター長からは企画段階から多面的なアドバイスを受け、そして、片岡敏彦主任研究員、保住香林研究員、小津宏貴研究員は、アンケート分析や提言の分野で多大な貢献をしてくれた。社外・社内の関係者の献身的なサポートなしに本書が完成することはなかった。

この本が、令和の日本に活力を与え、また読者の皆様の新たな気づきや一歩踏み出すきっかけとなれば、編著者としてこれほど嬉しいことはない。

最後に、天国にいる母、今ひとりで暮らしている父、いつも支えてくれる妻に感謝の気持ちをこめて筆をおくこととしたい。

ありがとうございました。

2020年3月　松田 智生

編著者

松田 智生（まつだ ともお）

株式会社三菱総合研究所 プラチナ社会センター
主席研究員 チーフプロデューサー
1966年東京生まれ。慶應義塾大学法学部政治学科卒。専門は地域活性化、アクティブシニア論。高知大学客員教授。2017年より逆参勤交代構想を提唱、働き方改革と地方創生の同時実現に取り組み、中央官庁、地方自治体、企業の委員やアドバイザーを数多く務める当該分野の第一人者。

【委員】
内閣官房　地方創生×全世代活躍まちづくり検討会座長代理
内閣府　高齢社会フォーラム企画委員
国土交通省　今後の共助による地域づくりのあり方検討会委員
長崎県壱岐市政策顧問
茨城県笠間市CCRC推進協議会アドバイザー
富山県富山市まち・ひと・しごと総合戦略会議委員
鹿児島県伊仙町地方創生効果検証委員会委員
OECD都市の国際ラウンドテーブルリードスピーカー

【著書】
『日本版CCRCがわかる本』法研

執筆協力者

片岡 敏彦（かたおか としひこ）［第3章及び第4章］

株式会社三菱総合研究所 プラチナ社会センター 主任研究員
早稲田大学 大学院商学研究科 修了
専門はオリンピック・レガシー、地域・人材活性、消費者動向分析

保住 香林（ほすみ かりん）［第3章及び第4章］

株式会社三菱総合研究所 地域創生事業本部 研究員
早稲田大学 創造理工学部 社会環境工学科卒
専門は地域政策、官民連携の地域活性化

小津 宏貴（おづ ひろき）［第3章及び第4章］

株式会社三菱総合研究所 地域創生事業本部 研究員
東京大学大学院 工学系研究科 建築学専攻修了
専門は障がい者・高齢者住宅計画、震災復興

［第3章執筆協力ライター］岸由利子・久我智也・土屋季之

地方創生シリーズ
明るい逆参勤交代が日本を変える
働き方改革と地方創生の同時実現

発行日	2020年3月15日　初版第1刷
編著者	松田智生
発行者	東英弥
発行元	事業構想大学院大学出版部 〒107-8418　東京都港区南青山3-13-18 編集部　03-3478-8402 https://www.projectdesign.jp
発売元	学校法人先端教育機構 販売部　03-3478-8402
印刷・製本	株式会社暁印刷
装幀・組版	夜久隆之（鷗来堂）

ISBN978-4-910255-00-2